企业管理思想史系列

信息管理思想史

李 晶　郭同济◎著

企业管理出版社
EMPH
ENTERPRISE MANAGEMENT PUBLISHING HOUSE

图书在版编目（CIP）数据

信息管理思想史 / 李晶，郭同济著．—北京：企业管理出版社，2022.8

ISBN 978-7-5164-2622-7

Ⅰ．①信…　Ⅱ．①李…　②郭…　Ⅲ．①信息管理－思想史－研究　Ⅳ．① G203

中国版本图书馆 CIP 数据核字（2022）第 084705 号

书　　名：信息管理思想史
书　　号：ISBN 978-7-5164-2622-7
作　　者：李　晶　　郭同济
责任编辑：尤　颖　　黄　爽　　徐金凤
出版发行：企业管理出版社
经　　销：新华书店
地　　址：北京市海淀区紫竹院南路 17 号　　邮　　编：100048
网　　址：http://www.emph.cn　　电子信箱：emph001 @163.com
电　　话：编辑部（010）68701638　　发行部（010）68701816
印　　刷：北京环球画中画印刷有限公司
版　　次：2022 年 8 月第 1 版
印　　次：2022 年 8 月第 1 次印刷
开　　本：710mm × 1000mm　1/16
印　　张：18 印张
字　　数：218 千字
定　　价：98.00 元

丛书序

中国企业近年来在钢铁、建材、石化、高铁、电子、航空、航天等领域通过锻长板、补短板、强弱项，大步迈向全球产业链和价值链的中高端，成果显著。2021 年，我国制造业增加值达到 31.4 万亿元，已经创造了连续 12 年制造业总量位列全球首位的佳绩。中国企业在联合国划分的工业 41 个大类、207 个中类和 666 个小类里辛勤耕耘，这在全世界是独有的。围绕中国企业取得的每一个成就、每一项进步，企业管理无不闪耀着骄人的光辉。当越来越多的中外学者和企业家倾心深入探求企业管理之道时，中外企业发展过程中管理大师每一步重要的理论开拓，管理思想的演变脉络，企业管理实践的成败得失，无不成为有待系统梳理展现的急迫之需。“企业管理思想史”丛书（以下简称“丛书”）的出版注定要成为中国企业管理领域的一件大事。

以知识部类划分，企业管理从属于管理类。管理是人类一项基本的实践活动，管理能力是人类生存和发展不可或缺的软实力，管理思想不仅是人类社会活动所积累的精神财富，也是人类文明的璀璨结晶。企业管理则是工业文明的产物，随着十八世纪末期机器化大生产的兴起与演进，企业管理逐步从随意化、个人化的形式向专业化、科学化的形式过渡。如果从四次工业革命的角度思考，每一次重大技术革命和产业变革都带来一次管理理论以及企业管理模式的飞跃。站在当今发展之巅回顾与展望，以往工业革命进程中企业管理的创新性实践及理论探索弥足珍贵，每一簇思想的火光至今仍可作为借鉴；而面向未来新的攀登，古典管理理论、近代管理理论、现代管理理论，构成了继续向前探索的坚实阶梯和基础。

黑格尔说，历史就是时代观念外化的结果。企业管理思想史与一般思想史动辄皇皇百万言，呈现无所不包的百科全书全景式巨著不同，“丛书”冠之以“思想史”是力图承接前行者的伟大传统，使后来者得以站在巨人肩上，形成宏大开阔的视野和把握脚踏实地的方法，通览企业管理自诞生到辉煌的思想历程。“丛书”通过研究和揭示管理思想的产生、发展、演变的历史过程及其一般规律，包括记载管理的观点、见解，将其理论化、系统化，并论证管理理论产生、发展、演变的历史，进而归集到企业领域。

经典思想史的编撰一般会沿着历史的演进和思想家体系的构建两条主线展开，“丛书”充分体现自身的特点，又增加了企业管理实践的主线。相较二十世纪思想史领域最著名的偏重于哲学范畴的“施特劳斯学派”和偏重于历史学范畴的“剑桥学派”而言，“丛书”更加关注历史对今天的启示。用历史的方法研究思想，不是一般意义的注释考据和推演思辨，而是更注重对现实企业管理的真实关切能否有所裨益和借鉴。

可以看到，自十九世纪末，管理学成为一门相对独立的学科以来，管理思想史的发展相对缓慢，直到二十世纪中后期才成为一个比较独立的研究领域。美国管理思想史学家小乔治（Claude S. George）撰写的《管理思想史》于 1972 年正式出版，全面介绍了管理思想（主要是西欧和美国的管理思想）发展的过程；美国管理思想史学家雷恩（Daniel A. Wren）所著《管理思想的演变》于 1979 年出版，比较详细地介绍了西方管理思想发展演变的历程。

中国工业化的探索自清末洋务运动以来就没有停止，但国家层面的工业化建设还是从中华人民共和国建立开始。建国后企业的现代化管理在一开始即按照苏联模式，纳入计划经济的体系。尽管中国式企业现代化管理的尝试不断出现，有的也取得一定成效，但总体上仍没有摆脱计划经济的窠臼。自 1978 年 12 月召开的中国共产党十一届三中全会开始，中国走上了改革开放的全新进程。中国企业逐步甩开了计划经济时代的企业管理做法，探索与世界接轨又符合中国特点的企业管理之路。改革开放以来，为适应我国企业改革发展和加强管理的需要，有关现代企业管理的研究和著作相继问世，标志着中国企业管理创新进入新的发展阶段。一批中国企业家矢志探索符合中国企业特点的企业管理创新之道，任正非、张瑞敏、宋志平等企业领军人物在带领企业争创世界一流的同时，形成了颇具特色的企业管理创新理论和专门论著。中国企业联合会已经连续 28 届审定了全国企业管理现代化创新成果逾 4000 项，展示了我国企业管理创新方面的进展和成果。一批企业家和中国学者也在管理学领域不遗余力地进行实践，并开展了管理思想史的研究。特别是我国学者周三多、杨先举、李明新、孙耀君、郭咸纲、唐任伍、赵志军、彭新武等先后撰写了管理思想史方面的多部专著，在管理思想史的研究上取得了一系列成果。但总的来看，现有管理思想史类著作多以研究西方管理思想为主，较少系统性地研究中国管理思想，也鲜有按管理学特别是企业管理分支学科进行深入研究的成果。“丛书”以此为切入点，以时间为经、以代表人物为纬，旁征博引、纵横推移，对中外企业管理思想各发展阶段的代表人物、见解观点、思想灵感、理论背景及其发展进程进行了系统阐释，以期读者能够从中把握中外企业管理思想的发展脉络和精髓，前瞻分析企业管理问题，更好地提出解决方案。

一、“丛书”的研究对象

“丛书”的研究对象既包括企业管理理论的思想继承、扬弃和创新，也包括企业管理实践，拓展性地研究以下问题。

一是，阐述企业管理思想的演化过程和发展规律。“丛书”不只是梳理企业管理理论的演化过程与发展规律，更多的是从唯物历史观出发，分析企业管理思想的产生背景、发展缘由、理论贡献与局限性等，并对比中外管理理论与思想，试图探索企业管理思想形成与发展的内在规律。

二是，关注社会生产方式的变革与企业管理思想演变的相互关系。厘清社会生产方式与企业管理思想之间存在“实践—理论—实践”的逻辑关系，提出与管理相关的命题，前瞻预见未来的发展与挑战。

三是，把脉不断发展的企业管理实践。从管理实践与管理思想的辩证关系入手，将中国传统文化中的管理思想与现代企业管理实践相融合，用理论不断指导实践，同时提供系统、全面的方案来应对企业管理实践中的复杂变化。

四是，把握中国企业管理实践与中外企业管理思想、管理理论的辩证关系。用辩证的思想将西方管理思想和我国传统的管理理念加以比拟融合，在实践中探索出一套符合我国国情且利于我国企业发展的管理理论。

二、“丛书”的研究内容和研究思路

“丛书”的研究以企业管理各主要分支学科为脉络，以前人管理思想史研究为基础，阐述各学科主要学派的代表人物、见解观点、产生背景及其发展进程，进而抵达管理思想研究前沿，提出企业管理中国化命题。“丛书”包括《管理思想史》《组织管理思想史》《知识管理思想史》《人力资源管理思想史》《营销管理思想史》《战略管理思想史》《财务管理思想史》《创业管理思想史》《商业模式思想史》《供应链管理思想史》《信息管理思想史》《公司治理思想史》《科技管理思想史》《商业伦理思想史》《企业管理思想史精读》《协同管理思想史》《质量管理思想史》《电子商务思想史》《组织行为学思想史》《公共管理思想史》《价值链管理思想史》《企业管理前沿理论》《运营管理思想史》《生产管理思想史》《旅游管理思想史》《跨国公司经营管理思想史》《项目管理思想史》《投资管理思想史》《创新管理思想史》《公司金融思想史》《物流管理思想史》《风险管理思想史》《成本管理思想史》《内部控制思想史》《企业文化思想史》《管理决策思想史》《系统管理思想史》《国际贸易思想史》《品牌管理思想史》《数字管理思想史》《服务管理思想史》《人力资本管理思想史》。

作为丛书，各分册共同的框架逻辑主要体现在以下四个方面。

一是，企业管理思想的形成与发展。以时间为主轴，以具体标志性事件为重要节点，系统地、完整地追溯和回顾企业管理各学科涉及的中外企业管理思想演变和自身成长的进化过程，探讨各学科如何随着企业管理实践的发展和技术的变革而演化发展。

二是，中外管理思想溯源。将企业管理各学科涉及的古今中外管理思想作为一个整体，包括早期管理思想、古典管理思想、现代管理理论和当代管理思想等，溯其源流、综其脉络、述其精华、探其内涵、究其本质，为后续深入剖析各学科流派提供理论基础和观点素材。

三是，主要学派述评。在介绍具体各学科管理思想学派及其分支学派的代表人物、见解观点、产生背景、发展进程的基础上，以生产力、生产关系和上层建筑的决定性作用和能动性作用为标准，评述在不同历史发展阶段和社会形态下，各学科管理思想学派及其分支学派的发展沿革、历史作用、局限性等，并对中外管理思想进行差异性比较。

四是，国内外研究前沿探讨。在生产力层面，数字技术创新及其应用创新使万物互联、信息共享、效率提升成为必然；在生产关系（经济基础）层面，数字化新业态、新模式、新机制层出不穷；在上层建筑层面，数字化新理论、新理念、新价值观不断涌现。数字经济的迅速崛起与国际竞争新态势迫切要求中国企业管理思想与时俱进、拥抱未来。“丛书”探讨国内外研究前沿理论和方法，源于实践、高于实践、引领实践，为中国企业提供前瞻性方案。

三、“丛书”的主要特色

“丛书”遵循辩证唯物史观的本质要求，以“古为今用，洋为中用，践行当下，引领未来”作为使命担当。

一是，突出时代呼唤、时代使命和时代要求，有助于有效填补中国企业管理思想研究的发展空白。“丛书”从专业和微观角度，按照企业管理各分支学科的发展演变分门别类地进行研究，构建具有中国特色的现代化管理思想体系。这一点可以说不仅填补了国内企业管理思想史的空白，在一定程度上也填补了国际企业管理思想史的空白。

二是，突出中国问题、中国元素和中国方案，有助于坚定增强走中国式企业管理道路的发展信心。“丛书”融汇了中国上下五千年管理思想史，对中国企业管理思想的研究上溯到先秦时期，弘扬中华优秀管理文化。“丛书”立足本土，总结凝练中国原创企业管理理论，建设性地提出现代化管理的中国方案，致力于提高中国管理研究在国际上的学术地位和影响力，为中国管理在世界舞台的崛起贡献力量。

三是，突出管理历史、管理研究和管理实践，有助于深入总结中国式企业管理的发展规律。“丛书”覆盖面广、核心内容扎实、重点突出，从中外古代文明的管理思想入手，着重探讨近代以来的企业管理思想，紧密结合相关理论产生的时代背景，紧扣其形成、发展的演进脉络，有利于读者更好地理解相关企业管理理论的缘起、应用与兴替。

四是，突出人文精神、人文道德、人文品格，有助于切实提升中国式企业管理的发展境界。“丛书”注重比较分析，强调企业管理智慧和道德融合统一，总结归纳企业管理实践的历史经验，为“商智”和“商德”的辩证统一关系正本清源，明确了商业主体应该遵守的商业行为原则和规范、应当树立的优良商业精神等商业道德问题，形成了商业群体最重要、最长远的约束机制，同时保证了商业群体的长盛不衰，为中国企业管理理论发展提供正信、正念和正能量。

五是，突出创新理念、创新模式、创新方法，有助于不断增强中国式企业管理的发展动能。“丛书”探讨企业管理创新，提倡学以致用，将中国特色企业管理与数字化创新相结合，在每一分支学科对应分册都有前瞻性研究成果，且重点论述了数字化技术发展对企业管理的促进作用，为中国企业提供新思路、新模式和新方法，助力中国企业用自己的方法解决自己的问题，使中国式管理拥有平视世界的底气和实力。

希望这套丛书能帮助中国企业家迈向世界企业管理的高水平殿堂，助力中国企业探索出具有中国特色的企业管理创新模式，为中国大专院校、科研单位开展企业管理的教学、科研和实践提供有价值的参考，成为向世界展示中国企业管理的窗口，促进中国企业健康可持续发展。

朱宏任

中国企业联合会、中国企业家协会党委书记、

常务副会长兼理事长

2022 年 3 月 26 日

推荐序一

管理思想作为人类对于管理实践过程规律和本质的思考，既是过去和现在的经济、社会、政治和文化的结晶，也是开拓未来的宝贵经验。“企业管理思想史”丛书以“学史明理、学史增信、学史崇德、学史力行”为目标和要求，探寻“上善若水、大制不割、和合共生”等中国传统哲学智慧精髓，探究“科学管理、人本管理”等西方经典管理理论与哲学思维，探讨“去中心化、自组织”等后现代管理前沿理论，探求“物联网技术、量子力学”等世界前沿科技的创新应用。同时，融入“中国元素”，努力创新，科学性、系统性、拓展性地探索中国企业管理面临的诸多普遍性和特殊性问题。

严格意义上讲，现代管理学发展历程不过百余年，但历史长河中的管理思想代表着不同时代、不同地域的管理特色。因此，“企业管理思想史”丛书秉承弘扬中西方优秀文化，以时间为主轴，以学科学派、代表人物、主要观点、研究前沿和发展趋势等为主要内容，突出中国元素，深入阐发、提炼和展示古今中外优秀传统文化的精神标识和具有当代价值、世界意义的文化精髓，廓清该学科理论的发展脉络和演化进程，批判与继承该学科相关研究的精华，具有较高的理论价值和社会效益。

第一，研究框架体系新颖，既梳理学科发展史，也明晰发展脉络。丛书以时间为经，以理论观点为纬，旁征博引、纵横推移，对中外管理思想各发展阶段的代表人物、见解观点、思想灵感、理论产生背景及其发展进程等进行系统阐释，梳理管理学及其主要分支学科的历史沿革和发展脉络。

第二，学派划分的独特性，溯源古今中外管理思想，萃取智慧结晶。将管理学及其主要分支学科涉及的古今中外早期管理思想、古典管理思想、现代管理思想和当代管理思想等作为一个整体（系统），溯其源流、综其脉络、述其精华、探其内涵、究其本质。

第三，研究的前瞻性，多视角地探索中外理论研究前沿，提出前瞻命题。丛书基于 TRIZ 理论（发明问题解决理论）、智慧管理理论、知识管理的视角，探讨未来企业管理的发展趋势，并从政府、学术界、业界、咨询界等多视角，提出中国管理未来的研究焦点和热点。

该丛书是一项庞大的系统工程，是历经多年潜心谋划，集众人心血和智慧之大成，不仅填补企业管理领域的研究空白，拓展相关学科研究的深度、广度和高度，也为管理学科学化、系统化、中国化的前沿研究奠定理论基础，必将成为学习企业管理理论的必备丛书。

该丛书之所以令人耳目一新，不仅源于独特的研究框架、严密的逻辑框架、完整的历史叙事和充实的背景描述，更主要的是裨益读者领悟“古为今用，洋为中用，践行当下，引领未来”之精髓。

陈传明

南京大学商学院教授、博士生导师

2022 年 3 月 16 日

推荐序二

“企业管理思想史”丛书以管理学分支学科为切入点，以丰富具有中国特色的现代企业管理思想体系为目标，系统研究古代、近代和现代的中外管理思想，比较中西方企业管理思想的差异，并分析造成这种差异的原因。在批判和继承中西方管理思想的基础上，尝试解决企业管理理论研究存在的突出问题：研究对象模糊、史料考证缺乏、忽视时代背景、各种管理思想间关系缺乏梳理等。同时，结合中国国情和实际问题开拓创新，为“中国管理”发展提供研究方向、思路和命题。

“企业管理思想史”丛书深入、全面地描绘了企业管理思想的历史画卷，系统梳理中西方管理思想的演化融合进程，不仅能让读者理解管理思想及其研究方法的起源、文化背景、发展过程，更有助于拓展读者思维边界，并为企业管理的实践提供良好的理论基础，具有较高的价值和社会效益。

第一，覆盖面广、核心内容扎实、重点突出，有助于“学史明理”。该丛书从中西方古代文明的管理思想入手，探讨工业革命前后的管理思想，包括科学管理、古典管理理论、行为科学、现代管理思想乃至于当代管理思想等；紧密结合相关理论产生的时代背景，紧扣形成、发展的演进脉络，有利于读者更好地理解相关企业管理理论的一脉相承、百家争鸣之妙。

第二，突出中国问题、中国元素和中国方案，有助于“学史增信”。该丛书各分册都设置“前沿命题和未来发展”章节，旨在提出企业管理理论研究前沿与中国化命题，为中国管理创新与变革提供新思路。

第三，注重比较分析，强调管理智慧和道德融合统一，有助于“学史崇德”。该丛书总结归纳企业管理实践创造和历史经验的启迪智慧，为“商智”和“商德”辩证统一正本清源，为中国管理理论发展提供正信、正念和正能量。

第四，探讨管理创新，提倡学以致用，有助于“学史力行”。企业管理思想史是企业管理实践最好的教科书，也是最好的清醒剂。不仅有助于读者把学习企业管理思想史同推动实际企业管理工作结合起来，也有利于读者将管理智慧同企业管理实际问题结合起来。

一部管理思想史，就是一部人类文明的发展史。以史为镜，可知兴替。管理思想史研究除了探索历史真相以正本清源，为现实管理实践提供历史借鉴外，更重要的是要通过历史映照未来，揭示管理思想的发展趋势。因此，学习该丛书，读者能够了解人类对管理的认知历程，管理者能够从中汲取历史经验与教训。“企业管理思想史”丛书是不可多得的管理智慧结晶，契合目前“中国元素”理论创新与变革的大趋势，为中国新管理理论突破与发展奠定坚实的基础，助力中华民族早日实现伟大复兴的中国梦。

中国企业管理研究会会长

中国社会科学院工业经济研究所研究员、博士生导师

2022 年 3 月 18 日

前 言

自有人类文明以来，就有了管理的实践活动。早期，人们只是以一种非正式的、自己认为最佳的方式在管理，没有人去思考这些管理方式的效率如何。但是，随着组织变得更大、更复杂，有效的管理开始成为组织领导者追求的目标。一直到今天，如何实现有效的管理仍然是管理者和管理学家思考的核心问题。从古至今，从西方到东方，这些管理者和管理学家对此所进行的思考，大多形成了丰富的管理经验，凝练成经典的管理理论，但因个体差异、时代差异、地域差异，他们在思考的方式和结论上存在很大的差别，从而形成了不同的管理学派和管理理论。这些理论的产生、发展、演变的历史，承载了管理实践经验凝聚和系统化的过程，也承载了中西方历代管理活动一般原则的嬗变。

作为管理思想体系的一个重要分支——信息管理思想，为信息管理实践活动提供理念和指导，是管理理论和实践发展的一个重要标志。虽然信息管理学科出现比较晚，但信息管理思想却自人类有信息交流行为时就已产生，并在管理实践的发展过程中逐渐从支离破碎的认识和经验上升为系统的信息管理理论。今天，在智能经济背景下，信息管理理论在大数据技术和网络技术的推进下被进一步丰富和拓展。对于从事管理工作、学习管理理论者，要正确地理解信息管理理论，并将其应用于实际，最为重要的是了解信息管理思想演变的历史。对信息管理思想演变的研究，能够向学习者展现各种理念和方法的起源，能够让学习者追溯它们的发展历史，以思考者的视角去把握当时的文化和社会背景，最终为学习者提供一个整合理论框架。由此可见，研究信息管理思想的演变，探讨中国信息管理思想如何随着实践的发展和技术的变革而演变，是十分有意义的。

本书系统、完整地追溯了中西方信息管理思想的演变和进化，并就中西方信息管理思想进行了比较研究，重点探讨了信息管理思想在智能经济背景下如何随着管理实践的发展和大数据技术的进步而演变，提出了可供参考的前沿命题与未来展望。本书分为七章，其中第一章主要围绕信息管理思想的形成与发展、信息管理思想的理论体系进行概述，其目的在于从总体上把握信息管理思想的演变历史；第二章主要围绕信息管理思想的溯源进行探讨，分别对中国信息管理思想和西方信息管理思想涉及的三个层级，即个人信息管理、企业信息管理及行政信息管理理论进行比较研究，其目的在于从中西方视角探讨不同信息管理思想形成的差异性，并总结思想形成的规律性；第三章到第六章则分别就不同的信息管理学派进行探讨，重点围绕学派的形成与发展、学派的代表理论进行阐释，其目的在于把握不同学派理论的形成、发展、演进，对各学派的主要贡献进行说明；第七章主要结合当前的现实情况，以智能经济为背景，探讨信息管理思想变革的时代背景，以及在该时代背景下信息管理主体、对象、思维、理论、机制的变化，最后就智能经济背景下中国信息管理研究的新领域和新动态进行思考。

本书以时间为经，以人物为纬，以现实为基，纵横推移，旁征博引，对所涉及的学派及其代表人物的观点、思想、贡献、理论背景及其发展进行系统阐释，同时对未来发展提出了思考，以期读者从整体上把握信息管理思想史的发展脉络和理论体系，把握信息管理思想的起源和应用的现实基础，用于指导中国管理实践，创新信息管理理论，丰富中国信息管理思想，建立中国信息管理思想体系。

本书在撰写过程中参考了大量前人著述，同时也得到了余来文教授的指导和帮助，使我能够在研究中拨开迷雾，探索本质，在此特别致谢。同时我也要感谢我的学生们，感谢余瑶、秦溪、董金鹏、白岩松、曾博妍、吴弘毅在本书撰写过程中所给予的帮助。囿于我们的学识和水平，本书不可避免会出现疏漏和不足，敬请广大读者和学界同人不吝赐教。

李晶

2022 年 2 月 28 日

目 录

第一章
信息管理思想概述

▲

CHAPTER 1

人类社会诞生以来，就有人类信息交流行为，进而产生了社会信息管理活动和信息管理思想。国内外信息管理专家在信息管理思想的形成和发展等问题上存在着不同的看法，迄今为止仍未达成共识。故本章选取其中具有代表性的观点进行介绍。

第一节　信息管理思想的形成与发展

信息管理虽然是在20世纪70年代末才兴起的一个新兴领域，但是对文献、知识和信息的管理却可以追溯到遥远的古代。在文字未产生前对信息的存储和管理采用“结绳记事”的原始形式。而当代的信息管理是在经济和科学技术高度发展的条件下，对文献知识和信息管理的延伸和拓展，是文献知识和信息管理由古代到现代不断演变和发展的产物。信息管理的历史变革可以分为三个发展阶段，即萌芽阶段（传统管理阶段）、形成阶段（技术管理阶段）和拓展阶段（信息资源管理阶段），如图1–1所示。萌芽阶段以信息源的收集、管理为重点；形成阶段以利用信息技术控制信息流为重点；拓展阶段强调从多种角度对人类社会信息利用过程及相关要素实行综合管理。

图1–1　信息管理的三个发展阶段

一、萌芽阶段

萌芽阶段（图书馆产生—20世纪50年代）的管理核心是信息源，管理机构包括图书馆、档案馆、文献馆（科技信息）。虽然人类对知识信息的保存与管理早已有之，但作为一项专门的工作和事业则是随着图书馆出现而兴起和发展的。在文字产生之前，人们只能用语言来传递信息，文字的产生使得人们可以用这种符号将信息和知识记录在一定的物质载体上，这就是最初的文献。人类社会正是由于文字的发明并将其应用于文献记录而过渡到文明时代的。

图书馆、档案馆、文献馆（科技信息）主要是社会公益性事业机构，在国家财政拨款或公民税收支持下，从事以文献为载体的信息的收集、加工、存储、检索和提供，着眼于“文件信息源”的管理。尤其是在大量采用现代信息技术使得图书馆从书籍世界进入信息世界的背景下，图书情报服务更趋于一体化。这也标志着以“信息源”为核心、以文献为主要载体、以公益服务为主要目标的传统管理阶段正在向信息管理阶段发展，从注重“源”的管理向注重“流”的控制过渡。

在传统的文献管理阶段，特别值得一提的是政府部门和机构中的文件管理，或记录管理（Records Management）。进入 20 世纪后，除了各类书籍和专业领域中的文献呈现爆炸性的增长之外，政府部门和其他机构的行政和管理活动中产生的各类文件也大量增加，文献记录管理成为信息管理关注的重要领域。记录管理学派的理论主要来源于信息技术在记录管理中的应用，侧重研究记录管理系统的建设，它实际上是一种与办公室文件处理有关的信息管理理论。记录是一个组织机构的共同记忆，既是一种组织资源又是一种组织财富。记录管理理论的逻辑起点是记录，记录包括所有书籍、论文、图片、影像及其他载体记录下来的资料。若从记录的内容划分，则包括能够反映一个组织机构的功能、政策决策、程序、操作和其他活动的资源。

二、形成阶段

形成阶段（20 世纪 50 年代—20 世纪 80 年代）以利用信息技术控制信息流为核心，以计算机为工具，以自动化信息处理和信息系统建造为主要工作内容。显然，这是在计算机技术及相关信息技术高度发展和广泛应用的背景之下发展起来的新兴信息管理模式。

计算机具有科学计算功能和信息处理功能。自成功研制出第一台计算机以来，计算机的应用在上述两个方面都显示出强大的生命力，而后一方面更显示出广阔的应用前景，取得了一系列重要成果和突破性进展。计算机出现后不到10年，就被应用于图书馆的文献信息加工和管理，目的是提高文献信息加工处理和查找效率，实现对文献信息流的控制。1954年，美国海军兵器中心把文献号和少量索引词输入计算机，这可以说是世界上第一个计算机信息检索系统。计算机大批量处理和管理文献信息则是由美国化学文献社（CAS）开创的。1961年，化学文献社用计算机成功地编制了《化学题录》（Chemical Titles）。它包括600多种重要的化学化工期刊的字序主题索引，由此萌发了上下文关键词索引（KWIC），用计算机对文献中的题名来自动抽取关键词并进行排序，从而节省了概念标引中的人工智力负担，大大提高了文献处理效率。这种方法实际上代表了自然语言和全文检索的原始形式，此后在计算机文献信息检索系统中得到广泛应用。

这实际上是文献信息管理的一场革命。在这种计算机系统中，只要把原始文献的信息进行一次分析，输入计算机系统，就能从中选取和编制出二次文献索引的信息。这种文献信息加工和管理的计算机化，不仅大大缩短了二次文献出版分发的时差，而且文献收录的范围更加广泛，能适应多样化的需求，给用户带来方便，从而推动了数据库产业的发展。随着计算机技术的发展，计算机的信息处理功能越来越强，使得人们对文献的加工从宏观层次向微观层次深入，从文献的局部信息扩展到全文信息，极大地提高了人类对文献信息流的自动化控制速度。

进入20世纪60年代以后，管理信息系统被广泛地应用于各个领域并产生了很大的影响。以管理信息系统为主题来研究信息系统和信息管理的论著大量涌现，产生了一套行之有效的信息系统分析、设计、实施的理论和方法。随着信息系统技术的发展，人们在信息检索系统、办公自动化系统和管理信息系统基础上，又开发出不同功能的决策支持系统和专家系统。随着分时多用户计算机网络和分布式计算机网络的出现，国际大型联机信息检索系统迅速发展起来。自20世纪80年代以来，微型计算机性能的迅速提高，特别是在性能价格比上的巨大优势，为信息管理提供了新的工具和途径，加上远程数据库CD-ROM的普及，使得信息系统管理出现了结构性变化，从追求覆盖面越来越大、功能越来越综合的大型系统演变到集中式和分散式同时并存和相互竞争的新型信息系统。因此，不仅出现了为特定目标而构建的机构专用信息系统，还出现了个人专用信息系统。此后，信息系统开始向多样化发展。

在技术管理阶段着眼于用计算机技术处理信息并对信息流进行控制，技术因素占据主导地位。这一阶段围绕计算机应用创造了许多信息加工处理方法、系统设计开发理论。其目的在于人们希望在高度发展的信息技术的支持下克服由“信息爆炸”带来的利用方面的困难，以实现有效管理和开发利用。而当信息技术无能为力，达不到预期的目标时，人们便误以为是技术不够先进，于是拼命追求更先进的技术，却忽视了信息管理中其他因素的作用。

三、拓展阶段

拓展时期（20世纪80年代至今）的主要特征，是涉及信息活动的各种要素都被作为信息资源的要素纳入管理的范畴，是一种综合性、全方位的集成管理，是信息管理的高级形式。在这一时期，“信息是个人、组织和社会生存与发展的战略资源”的认识正在成为共识，并指导人们的信息活动。

信息是一种资源。这不仅是由信息本身的重要作用，而且是由信息量的快速增长所决定的。信息资源这个概念可以有两种不同的理解，即狭义的信息资源和广义的信息资源。前者是指信息本身，即经过加工处理的、有序的、有用的数据的集合；后者是指信息活动中各种要素的总称（包括信息、技术、设备、资金和信息生产者等要素）。本书采用综合的观点，认为信息资源是经过加工处理的、有序的、有用的数据及各种信息活动要素的集合。

20 世纪 80 年代初，霍顿最早提出了信息资源管理（Information Resource Management，IRM）概念。信息资源管理作为管理学中一种新的管理观念和模式，是随着人们对信息作为一种资源来管理的需求日益加强而产生的。IRM 是信息管理的新阶段，它所代表的资源时期的新特征是：确立了信息资源作为经济资源、管理资源和信息作为商品的新观念，信息被视为五种经济要素（人力、原材料、资本、科技和信息）之一，深化了技术时期发展起来的信息经济思想；强调信息管理不能单靠技术解决问题，必须重视人文社会因素，追求将技术因素和人文因素结合起来协同解决问题；突出了组织机构层次的信息管理或面向组织的信息管理，即非国家层次式结构、个人层次的信息管理；重视信息在战略决策、战略管理中发挥作用，提出了信息管理与组织结构关系等一些新问题；促使信息管理成为新的独立的管理领域，因此必将导致出现信息领域中新的职业方向。

20 世纪 90 年代以后，互联网的发展彻底改变了人类信息活动的方式。它把方便的信息服务带进了家庭、办公室，使得人们可以像使用自来水和煤气一样方便地使用全球信息资源。但是，互联网并没有通过高度的技术发展带来一个真正高效有序的信息空间，相反，带来的信息污染、信息混乱、信息犯罪、信息侵权远远超出了传统意义上的“情报危机”。第一，信息量急剧增长、网络无序扩大，网络信息陷入严重混乱，使人们难以获取需要的信息；第二，由于各种进入因特网的网络和信息资源没有质量控制标准，致使一些低劣、粗制滥造的网络联入，使因特网通信混乱，加之淫秽信息泛滥和病毒感染，网上信息污染日趋严重；第三，由于互联网存在着巨大的开放性，进出方便，存取自由，任何个人或团体都可以通过网络的任何一个节点获取网上信息，这使得网络信息资源的安全系数大大降低，信息产权保护变得十分困难；第四，根据需求和效率配置网上信息资源的难度更大。因此，把技术、经济、人文三种手段有机结合起来，对网络信息资源进行管理就显得十分迫切，这也是信息资源管理需要研究解决的核心课题。

上述三个时期的划分主要反映信息管理主体架构的不同和演变，发展时期的更替并不表明绝对的取代和前一时期的消失，而是主导成分及其地位的更替。此外，这三个主要时期的每一个时期本身，其发展也有若干阶段和不同层面，从而概括了信息管理中涉及的丰富多彩的内容。

第二节 信息管理思想史理论体系

信息管理虽然是20世纪末才在国外兴起的一个新兴领域，但是随着时代的发展，信息活动日益频繁，信息管理已经发展成为影响最广、作用最大的管理学科之一，信息管理思想的研究也受到广泛的关注，信息管理思想史理论体系逐渐完善。信息管理思想是研究科学地组织信息管理工作的理论与应用方法的思想。信息管理思想与信息学等思想相交叉，同时又是管理学思想的延伸。

一、研究逻辑框架

信息管理的发展离不开独立的，较为成熟的思想理论体系，信息管理思想理论的研究逻辑框架可以从层次结构和内容结构两个方面来分析。

（一）层次结构

信息管理思想史的研究逻辑框架，从层次结构来说可以分为宏观、中观、微观三个层次。

1. 宏观层次

宏观层次的信息资源管理是一种战略管理，主要研究信息管理的一般原理、方法，包括：国民经济信息化管理，国家信息化战略管理，国家信息基础设施规划、建设与管理，全球信息化战略管理等。

宏观层次的信息管理一般由国家信息资源管理部门运用经济法律和必要的行政手段加以实施。主要是在宏观层次上通过国家相关政策、法规管理条例等来组织、协调信息资源的开发利用活动，使信息资源按照国家宏观调控的目标，在不影响国家的信息主权和信息安全的前提下得到最合理的开发和最有效的利用。宏观层次的信息资源管理是保证信息资源开发利用活动顺利进行，以及降低资源开发成本、提高资源利用率的最有效方式。

2. 中观层次

中观层次的信息资源管理主要研究信息产业管理、地区性信息管理、行业信息管理、信息市场管理和信息系统管理等。

中观层次的信息资源管理一般由各地区、各行业的信息资源管理部门来实施。通过制定地区或行业性政策法规和管理条例，组织、协调本地区、本行业内部的信息资源的开发利用活动，以及本地区、本行业与其他地区、其他行业间的信息资源交流关系，使得本地区、本行业的信息资源开发利用活动在总体上与宏观层次的信息资源管理活动不发生冲突，同时更符合本地区、本行业的客观实际，并体现本地区、本行业的利益。

中观层次的信息资源管理是介于宏观和微观之间的一种管理层次，具有承上启下的功能。因此，该层次的信息资源管理原则上既要符合宏观层次的信息资源管理的需要，又要有利于指导、规划微观层次的信息资源管理活动，两者缺一不可。

3. 微观层次

微观层次的信息资源管理主要研究信息的生产、传播和利用，包括企业信息化管理、信息企业的运作与管理、非信息企业的信息管理等。

微观层次的信息资源管理是处于基层的信息资源管理，一般由各级政府部门、信息机构和企业等基层组织负责实施。其主要任务是认清组织内部各级各类人员对信息资源的真正需求，合理组织、协调信息资源的开发利用。

（二）内容结构

信息管理思想史的研究逻辑框架，从内容结构来说可以分为两个层次：理论信息管理思想与应用信息管理思想。

1. 理论信息管理思想

理论信息管理思想是研究信息管理学的基础理论思想，主要由以下理论思想构成。

一是信息管理的基本理论思想。主要研究信息管理的定义、特征、分类、范畴、基本功能等；信息管理的原则、方法、体系结构；信息管理的计划、组织、领导、控制等基本职能；信息管理的形成和发展等。

二是信息科学理论思想。信息科学是研究信息运动规律和应用方法的科学，是信息管理最直接和最主要的理论基础科学之一。信息科学的主要研究范围是信息的本质、信息的度量、信息的运动规律、利用信息进行控制和优化的原理等。

三是管理科学理论思想。管理科学是一门独立学科，信息管理学是它的子学科，管理科学的基本原理均适用于信息管理学。管理科学的基本内容和基本原理可以概括为以下 8 个方面。

（1）系统原理，是指在进行管理活动时应遵循系统的整体性原则、目的性原则、层次性原则和动态性原则，充分协调各组成要素之间的关系，发挥它们的最佳功能，从而实现管理目标的优化。

（2）整分合原理，是指在开展管理活动时，首先要把管理对象置于环境之中看作一个有机整体，从整体上把握管理的对象、功能和目标；然后再将这个整体科学地分解为各个局部，实施合理分工，明确各个局部的功能；最后，再从整体上进行协调和有效综合，以实现总的目标。

（3）反馈原理，是指在开展管理活动时要注重管理对象对控制系统输出信息的响应，要及时地根据这些响应来调整控制方向，从而保持对象系统的稳定性及其目标的一致性。

（4）封闭原理，是反馈原理的展开。它是指在开展管理活动时，既要注重执行过程，也要注重监督和反馈过程，要根据检验和评估的结果不断调整管理决策，从而实现决策的形成、落实、结果评估及新决策或目的产生的封闭式管理。

（5）能级原理，是指在开展管理活动时要按照不同的能级来建立管理的层次和秩序，制定各种规范和标准，对不同能级授予不同的权力并实行动态的调整，从而保证管理活动有序而且有效地进行。

（6）弹性原理，是指在开展管理活动时要考虑到人和事物本身的可塑性和客观事物运动过程的可变性，进而把握一定原则下或一定范围内的可调节性，以实现有效的动态管理。

（7）动力原理，是指在开展管理活动时要正确认识、掌握各种动力源和提供一系列有效的动力机制，以正确地激发动力，使管理活动持续而且有效地进行，从而不断促进组织目标的实现。

（8）效益原理，是指在开展管理活动时要讲求实效，注重社会效益和经济效益的统一，努力利用有限的人力、物力、财力和信息资源创造出最大的效益。

上述原理是彼此联系、互为制约的，是信息管理的基础理论思想之一。

2. 应用信息管理思想

信息管理的应用研究是一个范围较广、内容较复杂的领域。

根据信息资源管理在不同组织中的应用及其特点，可将其细分为宏观信息资源管理和微观信息资源管理两个层次。宏观信息资源管理是指国际和国家的信息部门运用法律、经济、行政等手段管理信息资源，以确保信息资源的充分开发、有效利用及信息事业的发展。微观信息资源管理是指社会各组织针对自身的信息资源所实施的管理活动，即运用各种手段和方法对组织内部及与之相关的外部信息资源进行管理。其目的在于明确组织的信息需求，保证组织内部信息流的畅通，有利于组织决策，提高组织的工作效率。

根据不同组织实施信息资源管理的特点，又可将微观信息资源管理细分为政府部门信息资源管理、工商企业部门信息资源管理、公共事业信息资源管理、信息生产管理、信息系统管理、信息产业管理等具体类型进行研究。主要由以下内容构成。

一是政府部门信息资源管理。主要研究政府机关部门的信息管理、信息化和办公自动化等。

二是工商企业部门信息资源管理。主要研究如何利用现代信息技术对工商企业生产经营过程中各环节所涉及的信息进行收集、整理分析和利用，配合企业的人、财、物，实现企业的目标。

三是公共事业信息资源管理。主要研究医疗卫生机构、学校、研究院所等公共事业单位的信息资源的综合开发和利用管理。

四是信息生产管理。主要研究信息产品的开发、生产的理论和方法，包括信息的采集、鉴别、筛选、整序、激活、存储、传播的机制和方法。

五是信息系统管理。主要研究信息系统的分析、设计、实施、评价、维护，组织信息资源的配置，信息系统管理与组织竞争战略的关系等。

六是信息产业管理。主要研究信息产业的产业发展和管理模式、产业政策、产业立法、传统产业信息化，以及产业结构、产业关联、产业组织等产业经济问题和产业管理的关系问题等。

二、研究内容及研究问题

信息管理思想主要研究人类社会信息管理活动的基本规律、普遍原理和通用方法，其研究对象是人类社会的信息资源开发利用实践活动，研究内容为人类对信息资源及其开发利用活动实施有效管理的基本理论问题和实用技术方法。

（一）信息管理思想产生的原因

社会需要永远是推动科学发展的原动力。随着社会信息化程度越来越高，社会信息活动愈加广泛，社会信息现象日趋复杂，出现了所谓的“信息危机”。为了克服信息危机，信息管理从社会劳动中分化出来，成为一种独立的职业活动。信息管理工作的进一步发展需要有正确的理论指导。为此，人们开始总结信息管理工作的基本原理与普遍规律，从理论上探索信息管理最优化的途径，最终要求有一门科学对其做出完整、准确的分析和阐述，为社会信息管理实践提供科学的理论与方法。这是信息管理学产生的直接原因之一。20 世纪以来，现代科学技术高度综合的发展使学科间的交互作用、交叉渗透趋势不断增强。信息管理思想就是信息科学与管理科学相互交叉的产物，它的产生反映了现代科学技术整体化发展的大趋势。

（二）信息管理思想形成和发展的条件

信息管理思想形成和发展的重要条件可归纳为理论条件、方法条件、技术条件、实践条件。

一是理论条件。信息管理思想是在原有信息科学与管理科学的基础上，吸收了信息论、系统论、控制论的理论和方法，借鉴了现代管理学的基本原理，在社会信息管理实践中逐步形成和发展起来的。初创时期的信息管理思想的培育又与经济学、社会学、传播学、心理学、法学等息息相关。随着新的学科思想理论的不断引进，信息管理思想的研究内容日益丰富，学科体系日渐完善。

二是方法条件。传统的图书馆学思想、情报学思想为信息管理思想积累了大量的经验和方法。文献信息的收集选择、加工整理、分析研究、检索咨询、传播报道等一系列方法可以推广到各类信息管理活动，在社会信息管理的更高层次上加以总结，上升为信息管理思想的普遍方法。今天，人们把工程学方法引入信息管理领域特别是管理信息系统的建设中来，成为信息工程建设广泛应用的有效方法。

三是技术条件。现代信息技术，特别是计算机和通信网络技术的发展是推动信息管理思想前进的必要条件。信息技术在信息管理过程中的应用不仅为人类社会的信息管理活动提供了有效的工具，而且为信息管理思想的研究内容增添了诸如新技术在信息管理过程中的应用及其影响等新的研究课题。

四是实践条件。社会信息管理活动为信息管理思想提供了丰富的实践经验，这是信息管理思想形成和发展的基础条件。信息管理活动的广泛开展，为信息管理思想开辟了广阔的试验基地，使信息管理思想在社会信息管理实践的基础上逐渐完善，不断应用于实践中。

（三）信息管理思想研究内容

信息管理思想是以信息资源和信息活动管理为研究对象的。作为信息管理的静态方面，信息资源的管理关注的是信息资源被开发利用的程度，即信息活动在数量上和质量上的表现形式；而作为信息管理的动态方面，信息活动的管理更关注个人、组织及社会与信息资源相互作用的方式，即信息资源开发利用的效果，如信息资源对决策分析的支持作用以及信息资源开发利用的社会效益。

信息资源是信息生产者、信息、信息技术的有机结合体。信息管理的根本目的是控制信息流向，实现信息的效用与价值。但是，信息并不都是资源，要使其成为资源并实现其效用和价值，就必须借助人的智力和信息技术等手段。因此，人是控制信息资源、协调信息活动的主体，是主体要素，而信息的收集、存储、传递、处理和利用等信息活动过程都离不开信息技术的支持。没有信息技术的强有力作用，要实现有效的信息管理是不可能的。信息生产者、信息、信息技术三个要素形成一个有机整体——信息资源，它是信息管理思想的主要研究对象。

信息活动是指人类社会围绕信息资源的形成和利用而开展的管理与服务活动。其一，信息资源的形成阶段以信息的产生、记录、收集、传递、存储、处理等活动为特征，目的是形成可以利用的信息资源。其二，信息资源的开发利用阶段以信息资源的传递、检索、分析、选择、吸收评价、利用等活动为特征，目的是实现信息资源的价值。如果单纯地对信息资源进行管理而忽略与信息资源紧密联系的信息活动，信息管理就不全面，因此信息活动也是信息管理的对象。

（四）信息管理思想研究的基本问题

信息管理思想研究的基本问题主要包括以下几个方面。

一是信息管理思想的研究对象和研究范围。

二是信息资源构成要素（信息生产者、信息和信息技术）之间的相互作用。

三是组织信息资源的优化配置。

四是组织信息资源的有效利用。

五是信息资源全生命周期的综合管理等。

（五）信息管理思想与其他学科的关系

学科之间的关系是以其研究对象之间的关系来确定的。如果两个学科的研究对象前者包容后者，则前者为源学科，后者为子学科；如果对象交叉，则为交叉学科。信息管理学是哪些学科的子学科和交叉学科呢？由表 1–1 可以看出，信息管理学是管理学的子学科，管理学的一般原理、研究方法均适用于它；同时又是信息学等学科的交叉学科，这些交叉学科的部分原理、方法也适用于它。

表 1–1　信息管理学与其他学科的关系

序号	学科名称	研究对象	与信息管理思想的关系
1	管理学	一切管理活动	源学科
2	信息学	信息和信息活动	交叉学科
3	信息传播学	信息传播活动	交叉学科
4	信息经济学	信息经济活动	交叉学科
5	信息产业学	信息产业及其管理等	交叉学科

三、研究方法

信息管理思想研究方法，从广义上讲，是信息管理活动中一切途径、手段、工具和方法的总和。对信息管理思想的研究有利于将经验方法上升为科学方法，感性方法转化为理性方法；有利于一般方法的专门化、专门方法的精细化，为信息管理方法体系提供丰富的素材；有利于针对具体研究目标和研究环境确定适用性方法；有利于具体研究情况和特定方法的有效配合与特定研究方法对研究对象的有效调控。

信息管理思想研究方法的种类很多，按一般到具体的方式分类有：哲学方法、一般科学方法和专门研究方法。

（一）哲学方法

哲学方法是一切理论最根本的研究方法。辩证唯物主义哲学是信息管理学的理论基础，也是信息管理学最根本的研究方法。其根本理论和方法是辩证唯物主义的世界观、方法论和认识论。运用辩证唯物主义哲学方法研究信息管理学的相关理论突出体现在对信息概念和性质的认识上。

例如，维纳在对信息下定义时指出："信息就是信息，既不是物质也不是能量。"德国学者克劳斯在《从哲学看控制论》一书中认为，信息不同于物质，它是物质的普遍属性而不是事物本身；它可以脱离物质独立存在，同时又不影响物质的存在与运动。它所表现的主要是物质的运动状态和相互作用。

物质、能量、信息之间的关系问题是哲学范畴的问题，是从马克思主义观点出发来探讨信息属性的方法。

（二）一般科学方法

一般科学方法，又包括系统方法、运筹学方法、数学和统计方法、技术实验方法。

1. 系统方法

系统方法被广泛应用于信息管理中。这些方法主要有：专家系统方法、系统模型方法、系统工程方法、可行性分析方法、成本效益分析评价法、系统决策量化方法等。

2. 运筹学方法

运筹学是在实行管理的领域，运用数学方法对需要进行管理的问题统筹规划，从而做出决策的一门应用科学。运筹学方法在信息管理中的应用有：运筹学线性规划法用于对信息资源的合理配置研究；动态规划法用于计算机检索、网络建设等。

3. 数学和统计方法

数学和统计方法常用于信息的度量，信息度量是指从量的关系上来精确地描述信息。信息度量是客观存在的，对信息量的研究与把握，在某种意义上决定着信息科学的成熟与发展。香农在其信息度量里引用了概率理论，创造性地将信息度量与不确定性的消除联系起来，从而促使信息度量理论发生了质的飞跃。数学和统计学方法在信息管理中的典型应用还有：利用数学模型对信息服务环境中用户与信息记录的交互作用建立一种信息度量方法；建立信息化指标体系；进行信息经济规模度量；进行知识经济度量等。

4. 技术实验方法

信息管理学是一门应用性很强的学科。在信息组织与检索技术领域，几乎每一项新理论或新技术的产生都要从技术实验开始。例如，文本词句检索、超文本检索、网络化的 Web 信息检索、借助叙词表的文本检索等均是从技术实验开始的。

（三）专门研究方法

信息管理思想不仅采用具有普遍意义的研究方法，还有本学科专门的研究方法，主要包括信息定性研究法和信息定量研究法等。

1. 信息定性研究法

信息定性研究法是运用信息的观点，把研究客体看作信息传递和信息转换的过程，通过对信息流程的分析和处理，获得研究客体运动过程规律性认识的一种研究方法。其特点是用信息概念作为分析和处理问题的基础，不考虑客体的具体结构和运动状态，而将客体的运动抽象为一个信息变换过程，即信息的输入、存储、处理、输出和反馈过程。

2. 信息定量研究法

信息定量研究法主要是对信息现象、过程、规律等进行定量的研究，以建立一套具有“量”的规定性的科学概念和计量化的途径与方法。目前该方法不仅应用于文献信息交流规律的定量研究，而且应用于情报检索理论、情报系统设计、信息服务效果定量评价及用户信息需求调查研究等领域。

第三节　小结与评述

信息管理是指人们通过信息技术手段，对信息资源和信息活动进行计划、组织、领导和控制的过程，以实现信息资源的有效开发和利用。信息管理是现代管理在信息时代背景下拓展的一个分支，所以信息管理同时具有管理类型和时代类型的特征。

信息管理的历史变革可以分为三个发展阶段，即传统管理阶段、技术管理阶段和信息资源管理阶段。传统管理阶段以信息源的收集、管理为重点；技术管理阶段以利用信息技术控制信息流为重点；信息资源管理阶段强调从多种角度对人类社会信息利用过程及相关要素实行综合管理。到了现代，信息管理的发展呈现五大趋势，信息管理“网络化”、信息管理“智能化”、信息管理“价值化”、信息管理“人本化”、信息管理“集成化”。

信息管理学是研究人类社会信息管理活动的基本规律、普遍原理和通用方法的新兴学科。信息管理学是信息科学与管理科学相互交叉的产物，以信息资源和信息活动管理为研究对象。信息管理学形成和发展的重要基础可归纳为以下几个方面：理论、方法、技术和实践。信息管理学的理论体系可以从层次结构和内容结构两个方面来考察：层次结构可以分为宏观、中观、微观三个层次；内容结构分为基础理论与应用理论两个层次。信息管理学研究方法的种类很多，按一般到具体的方式分类有：哲学方法、一般科学方法和专门研究方法。

第二章

信息管理思想溯源

▲

CHAPTER 2

信息管理的产生及发展与人类社会发展的进程同步。自人类采用群居方式生活以来，这种发展表现出更加显著的特点：信息的深度、广度不断扩张，信息管理思维方式对信息扩张不断适应。从深度上说，信息的数据量呈几何倍数增长。现代人类个体需要分析的信息可能是原始社会个体的千万倍，信息管理的方式也必然比原始人类先进得多。从广度上看，人类社会的发展代表着生产方式的逐步复杂。个人与企业、政府信息管理体系也随着这种生产方式的发展而渐渐分化，最后成为虽有联系但泾渭分明的不同研究领域。当然，要了解信息管理的思想根源，首先需要对其思维的产生与发展进行探讨。无疑，思维是思想产生的根基。以下分别从中国信息管理思想溯源和西方信息管理思想溯源两个方面进行比较性探讨。

第一节　中国信息管理思想溯源

本节以信息管理思想的应用主体为主线，分别从个人信息管理、企业信息管理和行政信息管理三个方面进行探讨。

一、个人信息管理理论研究

与国外相比，目前国内专门针对PIM（个人信息管理）的研究还比较少。黄义侠论述了个人信息管理中信息资源的特征，并集中分析了国外个人信息管理中信息检索的方法：基于文件和全文的检索、基于搜索引擎的搜索、基于元数据的检索及基于语义的检索。最后对这些检索方法进行了评价，并指出未来的发展趋势。庞恩旭从信息管理中的信息检索出发，论述了个人信息管理所面临的新的环境，以及个人信息管理在新的形式下需要注意的一些问题。陈风思则从更加实用的角度对如何进行个人信息管理进行了具体论述。他将个人信息管理过程直观地分为信息分类、信息整理、信息记录及信息同步更新等几个步骤，并且还对可以采用的软件进行了简单介绍。《软件学报》的两篇综述文章《数据库技术发展趋势》和《个性化服务技术综述》，对数据集成技术、用户界面技术、个性化服务技术进行了分析总结。此外，也有一些针对信息搜索、基于用户行为进行信息分析的研究成果。但是，总的来说，对一些基础性的、核心性的技术研究不多，如数据空间中的数据存储技术、数据模型、索引技术、优化技术等，相对国外的研究还有差距。对 PIM 的研究会涉及新一代数据库技术方面的一些问题，因此，应当引起国内该领域研究者的关注。只有不断跟踪新技术动向，才能在 PIM 研究方面取得一些高水平的成果。

二、企业信息管理理论研究

我国企业信息管理系统的发展主要经历了三个阶段。第一阶段：20 世纪 80 年代中期，由于电脑、传真机的出现，推动了系统的发展，使办公从传统的用纸办公到电子化办公。此时企业信息管理系统不太成熟，基于传统型数据库，不能满足大规模数据的稳定处理。第二阶段：20 世纪 90 年代中期以后，由于网络技术的发展，企业信息管理系统连接上了网络，办公更加快捷；最主要的变化在于工作流技术应用在企业信息管理系统中，以自动化流程的形式处理业务，更加提升了效率。第三阶段，近年来，由于智能手机的出现，企业信息管理系统开始向移动端发展，人们可以随时随地办公，不再受时间和空间的约束。目前，随着知识管理型企业管理概念的提出，将公司中的管理技术、研发技术等内容应用其中，实现对知识的充分利用，发挥出知识最大的价值，未来企业信息管理系统的形态将主要是知识管理型①。SaaS 模式抛弃了软件是产品的概念，将软件看成一种服务，而不是一种产品，这是技术条件成熟时的必然产物。我国虽然起步很晚，但发展速度很快，相关产品也能相继进入世界市场，与国外的软件公司并驾齐驱，技术更新也十分迅速。目前大多数公司采用基于 B/S 模式的开发架构，国内的金和网络公司在 SaaS 模式下对分布式企业信息管理系统有较深入的研究，其研

① 于学成，曲杰. 企业信息管理与知识管理［J］. 技术经济，2001.

发的协同管理平台已经被多家互联网公司使用。企业信息管理系统与分布式架构相结合，更能发挥出二者的优势，系统也能应用更加广泛。分布式架构系统扩展能力较强，可基于通用硬件扩展计算和存储能力来提升系统处理能力，满足业务不断增长的需求。系统运行效率较高，在对系统各环节合理拆分的基础上，通过并行处理进一步突破传统串行处理存在的效率瓶颈。系统运行可靠性较好，将系统拆分后并行运行在多台相同的设备上，即使单一设备出现故障，整个系统仍可正常运转。系统成本优势明显，分布式系统基于相对廉价的通用计算和存储设备构建，获取相同处理能力的成本低于传统架构。[①]

三、行政信息管理理论研究

国内关于行政信息管理的理论研究还很少，对其进行系统研究的主要是司有和的《行政信息管理学》，主要包括行政信息管理的原则、行政信息管理的程序和方法；还具体阐释了行政信息管理中计算机系统、信息网络、文献信息系统的管理，行政信息管理实施中的环境、制度、体制、人员、技术支持、绩效测评；还提出了行政信息行为理论。除了这种系统的研究，还有一些学科中也涉及了行政信息管理，包括行政管理、信息资源管理、电子政务等领域[②]。

许多学者在这些领域也提出了很多关于行政信息管理的理论。

1. 行政信息管理的制度与政策问题

我国政府在信息管理的许多方面都落后于发达国家，在信息化背景下，政府提出利用后发优势，实现跨越式发展的行动战略；但

① 肖勇. 企业信息管理模式的发展与演化［J］. 情报理论与实践，2001.

② 张创新，等. 行政管理学前沿问题专题研究［M］. 长春：吉林人民出版社，2004.

是在推动发展的过程中，仍存在诸多方面的障碍，很多学者认为在所有的障碍因素中，制度因素最为关键。如杨小凯指出：落后国家模仿发达国家的技术容易，而模仿发达国家的制度是困难的。吴敬琏认为，信息化过程中，制度重于技术。因此，克服劣势、发挥优势的关键在于能否制定并执行一套适合中国国情的政策制度。目前，我国行政信息管理的核心政策问题主要有两个：一是高效发展，这个问题关系到如何在最短的时间内迎头赶上世界发达国家水平；另一个是均衡发展，这个问题关系到如何实现全国不同地方、不同领域内政府信息资源管理的齐头并进，尽可能缩小数字鸿沟①。

2. 行政信息管理与知识管理相结合

在知识时代，知识已成为重要的社会资源，成为影响社会经济发展的核心因素。政府作为社会管理机构，更要重视知识的价值，在政府管理活动中运用知识管理理论，增强政府的活力，提高政府的创新能力和管理能力，提高行政效率。因此，在行政信息管理中实施知识管理是知识经济社会发展的必然要求，促进政府内外部共享知识信息，通过集体的智慧提升政府的工作能力，提高政府的服务效率，保证政府的服务质量。要实现行政信息管理与知识管理的结合，首先，信息管理人员要树立基于知识管理的全新的行政理念，包括知识创新、知识共享、个体价值发挥与团队合作并重、终身学习的观念。其次，要建立面向行政信息管理的知识管理体系，包括营造知识共享、传递和使用的良好环境，建立知识管理的组织，建立学习型组织，建立以知识管理为核心的行政信息管理系统②。

① 竺乾威，顾丽梅，等. 组织行为学［M］. 上海：复旦大学出版社，2002.
② 陈振明. 公共管理学［M］. 2版. 北京：中国人民大学出版社，2003.

3. 基于经济学的行政信息管理研究

目前还没有专门以此为题的系统研究，只是在某些领域有所涉及，比如对电子政务的经济学分析，电子政务建设近年来受到政府与专家的极大重视，许多学者对电子政务进行了经济学分析，包括电子政务建设与新制度经济学分析、供求关系分析、经济资源稀缺性分析、电子政务的效益分析与绩效测评等。除了电子政务的经济分析以外，还可见信息公开与共享的经济分析。改革开放以来，特别是推行社会主义市场经济体制以来，我国政府在行政信息管理方面已经做了很多工作，主要有三个方面。一是办公自动化建设。20 世纪 80 年代中期，许多政府部门引进了以计算机为主的办公自动化设备，其实质就是政府办公设备的电子化。1985 年国家决定在中央政府开展办公自动化建设，逐步实现决策与政府行政管理信息网络化，各级政府部门陆续采用和普及办公自动化。二是政府上网工程。1999 年由信息产业部和国家经贸委经济信息中心联合 40 多家部、委、办、局信息主管部门共同倡议发起的"政府上网工程"正式启动，但是目前我国许多政府上网工程仍处于建立站点、提供信息的阶段。三是电子政务建设。办公自动化及政府上网工程的推进都推动了我国电子政务的发展，但目前我国电子政务还处于比较低的水平，无论是信息的实用性和完整性，还是实质性的电子政务功能都还离公众的期望有很大差距①。

上述三方面的建设发展，为我国行政信息管理实践奠定了一定的基础，但是仍存在很多问题。

（1）我国的政府机构改革和职能转变还在进行，现有的环境，一定程度上制约了行政信息管理工作的开展。

（2）行政信息管理主体——行政 CIO（首席信息官）管理体制在

① 黄凤志. 信息革命与当代国际关系［M］. 长春：吉林大学出版社，2005.

我国尚未确立，现有的行政信息管理主体的意识和能力都有待提高。“父母官”“民可使由之，不可使知之”的陈旧意识还广泛存在，而且信息管理的能力不足。

（3）行政信息管理模式不合理。条块分割的二维模式，使网络互通、数据交换和共享存在困难，缺乏统一规划，重复采集、交叉开发，造成信息成本加大，使用效率下降，资源浪费。

（4）信息资源开发方面。政府决策所需的信息不够丰富，有的尚未组织开发；政府信息资源库建设滞后，大量传统纸质信息尚未数字化，造成许多服务无法开展；信息管理分散，部门分割、地区信息封锁依然严重，致使信息交流、共享受阻，造成人为的信息短缺。

（5）信息公开方面。很多政府部门虽然有了自己的网站，但仅仅局限于拥有一个宣传网站，内容多是一些自我介绍、新闻摘要、领导讲话、联系方式及一些过时的信息，版面设计呆板，信息更新迟缓，网站之间连接渠道少。

（6）信息服务方面。服务内容单一，信息开放的范围很小，不全面，很多服务网站内容简单和表层化，缺乏深层次指导作用；服务功能不够完善，主要表现为单向流动，公众只能被动接受，缺乏互动性和针对性[①]。

① 蔡立辉. 电子政务：信息时代的政府再造［M］. 北京：中国社会科学出版社，2006.

第二节　西方信息管理思想溯源

西方信息管理思想溯源主要从个人信息管理、企业信息管理和行政信息管理三个方面进行探讨。

一、个人信息管理理论研究

个人信息管理（Personal Information Management，PIM）一词首次被使用是在20世纪80年代，但是其思想最早可以追溯到1945年。目前大家认同的最早提出PIM这一思想的人是Vannevar Bush，他在1945年发表的文章*As we may think*中第一次提出了扩展存储器（Memex）的概念。他这样描述：Memex是一种能够记录所有书籍、唱片、交流信息的设备，它能够快速、自动、灵活地帮助人们找到所需要的信息。当然，Bush只是为我们描述了一种远景，随着信息科学技术的发展，人们开始尝试从不同视角对PIM做出一个准确的定义。1988年，Lansdale、M. W对PIM给出了一个宏观的描述，指出信息技术的发展会使人们面对更多的信息，而那些适用于处理传统纸质信息的方法将不再适用，需要从整理、收集、归类等方面探究信息管理自动化的方法。Deborah K. Barreau指出，PIM中应包含获取信息的规则、方法，以及存储信息的策略、机制。到2004年，Web技术的成熟和存储技术的发展，使海量信息数据的存储成为可能，Boardm认为PIM的核心是数据的存储和再访问。以色列特拉维夫大学的 Ofer Bergman 认为：个人信息管理是一项十分特殊的信息活动，因为存储信息和随后检索信息的主体是一样的，可以把 PIM 看作同一个人在和不同时间点上的自己交流信息。这些关于 PIM 的描述，成为进一步研究、定义 PIM 的基础。

PIM 研究引起了广泛的关注，其标志是 2005 年 1 月 27 日至 29 日期间第一届 PIM 2005 Workshop 的举办。这是第一次专门针对 PIM 研究的专题研讨会，参加会议的有数据库领域的研究人员，也有微软、IBM 等公司的专家，从 PIM 基本概念、研究内容、研究目标等方面进行了讨论，取得了很大的成果，提出了很多重要的研究课题。在最终报告中，William Jones 和 Harry Bruce 两位专家重申了研讨会的目标：①明确所要讨论的 PIM 内涵；②明确什么是好的 PIM，什么是不好的 PIM，如何评价；③确定改进 PIM 过程中所需要解决的关键问题和挑战；④探讨如何解决上一条中所提出的问题；⑤建立研究 PIM 的组织。同时，该研讨会也提出了优良个人信息管理可以带来的好处：对个人（大学生）来说，有良好的 PIM 就意味着可以更好地利用宝贵的资源（时间、精力），最终带来更好的生活和学习质量。在该次会议上，专家们也对 PIM 的概念进行了讨论。本届研讨会对 PIM 的概念进行了总结和阐述：从本质上来说，PIM 是一种信息存储行为，它将信息存储起来以便能够在以后被访问。从行为上来说，PIM 是我们日常对于信息的处理、分类、访问。

从系统上定义，PIM 是个人创建的、供其在一个工作环境中使用的系统，其中包含人们获取信息的规则与方法、对信息进行组织与存储的机制、维持系统运行的一些规则与过程，以及对信息进行访问、处理、产生输出的方法机制。2006 年的 PIM 研讨会上，收到论文32篇，其中有些论文针对2005年研讨会上提出的一些问题进行了深入的研究，有些论文针对个人信息管理中具体的问题进行了研究。这些论文的特点是：涉及面广。涉及PIM研究的众多领域，包括基本理论、信息保存、信息分类、信息存储、隐私保护、邮件系统、行为分析、信息提醒等众多研究课题，既包括对基本概念、基本理论知识的研究，也包括针对特定应用需求的研究。在2007年美国信息科学年度评论（ARIST）的选题预览中，个人信息管理被当作一个专门问题列出，美国国家科学基金会（NSF）连续两年资助并举办了个人信息管理的研讨会。

总体来说，关于PIM内涵与意义的研究还处于起步阶段，这些论文有很多针对的是PIM的某个具体课题提出观点，并进行初步论证；但对于具体的算法、数据的模型、系统的框架还没有做深入的研究和量化的实验分析，对于有些基本概念问题也没有达成一致的看法。

华盛顿大学信息学院的Harry Bruce、Susan Dumais（同时也任职于Microsoft）和William Jone发起的KFTF（Keeping Found Things Found）计划从人们如何找到所需要的信息这一实践问题出发来研究个人信息管理中涉及的工具和技术，试图解决个人信息管理中出现的实际问题。这一项目有两个主要目标：①提供一个论坛以供人们交流关于PIM的经验和所遇见的问题；②建立关于PIM第一手资料的数据库以供研究人员使用①。

UCLS（University of Chicago Laboratory Schools）的Marcia J. Bates则结合文献分布中的Bradford定律对个人所接触的信息分布进行了创造性的分类，即90%的个人信息会分布在离个人空间距离较近的

① Park W. The Merits and Demerits of Data Localization［J］. Kyung Hee Law Journal, 2017, 52（4）: 129-164.

地方，10% 的个人信息会分布在离个人较远及非常远的地方。这为个人信息的管理提出了新的课题。而 University of Maryland 人机界面实验室的 Ben Bederson 则提出了管理个人信息中用户体验的重要性，为了使用户在管理个人信息中做到流畅和自然，需要在交互界面上仔细分析和设计。XPM Technologies 的 Douglas Gafe 则从具体技术出发，提出“建立分层次的管理系统和各层次之间流畅的信息流动”使个人或认知系统可以在保证安全和隐私的前提下记忆、理解信息并与世界产生交流。微软研究院的 Mary Czerwinski 和 MSR VIBE 小组研究了如何利用现有的桌面软件——侧边栏、邮件软件、记事本或复杂的日程编排软件等来管理个人信息。微软的 Jonathan Grudin 和 Eric Horvitz 则研究了个人信息网络交流的问题：在网络个人信息交流中，主体和谁交流、如何对交流进行管理等[①]。他们对人们交流信息的方式和偏好进行了研究，并试验了一些安全机制以确保隐私信息的安全。IBM 的 T. J. Watson 研发中心的 Thomas Erickson 则从个人信息对自身和对社会的不同用途出发，关注这两者之间的冲突并设法找到解决的办法。以色列特拉唯夫大学的 Ofer Bergman、Rafi Nachmias 和开放大学的 Ruth Beyth-Marom 提出个人信息管理系统在设计时需要充分考虑用户的需求，即采用面向用户的设计方法；同时，对此展开了大范围的实验性研究，目的是找到一种有效的个人信息管理系统设计方法。针对个人信息存储的研究，主要是对个人数据空间管理系统（PDSMS）的研究。传统的数据库技术不能完全满足新的数据管理的需要，Google、百度等网站对数据处理方式的改变也说明了这一特点，于是人们提出了一个新的概

① Cha G, Han H, Shin Y. An Effective Personal Information Management System to Ensure Self-imposed Control on Personal Information Protection Act［J］. Kiise, 2012, 39（3）: 276-281.

念：数据空间（Data Space）。由于个人数据信息的特点，数据空间将是存储个人信息的理想方式，在 PIM 中称为 PDS（Personal Data Space）。目前在这一研究领域，Jens-Peter Dittrich Marcos、Antonio Vaz Salles 等人做了大量工作，他们在 2004—2005 年共发表了两篇关于个人数据空间管理的论文，系统阐述了个人数据空间管理的概念，提出了一个新的数据模型：iMEMEX，并基于此模型实现了一个 PDS 原型。他们的工作为个人数据空间管理的研究建立了一个框架模型，但是需要研究的问题还很多[①]。

总而言之，目前 PIM 的研究还处于起始阶段，国外对 PIM 的一些基本问题进行了研究，取得了一些成果。PIM Workshop 2006 的 32 篇会议论文中，多数论文阐明关于 PIM 的一些观点；还有些论文着眼于 PIM 中的某个具体问题，如个人邮件信息的处理、移动环境下的 PIM 管理、个性化的信息查询。也有一些文章涉及 PIM 的一些理论问题，如数据模型、PIM 研究的一些前提等，这些文章提出了一些非常有价值的观点和概念。这些工作表明，PIM 的研究已经起步，并将引起研究者的广泛关注。

二、企业信息管理理论研究

管理信息系统（Management Information System，MIS）的概念很早就出现了，并且伴随着计算机技术成熟和网络应用技术的普及蓬勃发展，已经远远超过了其刚刚提出概念时期的功能和普及程度。20 世纪 50 年代开始，已经有利用计算机进行信息管理的理念雏形。

① Hong S. Effective Management of Information Security Management System (ISMS) and Personal Information Management System (PIMS) Authentication Systems [D]. Seoul: Soongsil University, 2018.

美国通用电气公司在1954年安装了第一台用于信息管理的数据处理计算机，成为企业应用信息管理系统的先例。由于其只支持批处理的功能，在当时只能用来计算单项工资和统计企业的数据。不过自此信息管理系统的概念彻底流行，各样系统不断涌现。最开始是物料需求计划（Material Requirement Planning，MRP），它是20世纪60年代提出的一种新的管理方式，主要负责生产相关的物料计划规划和管理。随着MRP功能上的不断扩展，闭环MRP随之出现，接着在闭环MRP的发展和延伸下，在20世纪80年代出现了一种基于Internet有效对企业的所有资源进行计划的方法——制造资源计划（MRPII）。MRPII可以利用网络资源和计算机模拟数学计算模型为企业提供决策支持，实现了企业信息的实时处理，如收票业务、银行存取款业务、资源检索等管理系统。管理信息系统在MRPII的基础上继续发展，完善并扩展功能，但没有本质的变化。直到20世纪90年代出现了ERP系统，它兼容并收各类信息，如员工信息、客户信息、资产信息、销售信息、仓库库存信息、物流信息、市场信息等各有效信息融入了管理系统。而在ERP系统上发展起来的信息管理系统则更加注重企业管理的整体性，通过统一规划的数据库及功能完善的数据库管理系统来保证数据共享的一致性和兼容性，同时减少了数据的冗余性。随着互联网技术的不断发展，如今的信息管理系统更着重于企业的内部和外部信息的收集，为企业管理的重要决策提供预测。在许多发达国家，完善先进的管理系统体系已经为企业带来了巨大的经济效益和社会效益①。

企业信息管理系统最早在日本和美国兴起，是一种具有电子功

---

① Vladimir Popov, Virgaudas Juocevicius, Darius Migilinskas, et al. The Use of a Virtual Building Design and Construction Model for Developingan Effective Project Concept in 5D Environment［J］. Automation in Construction, 2009（3）.

能的记事本。到了 20 世纪 60 年代左右，这种电子功能的记事本逐渐被新开发的管理系统所代替。20 世纪 70 年代左右，宾夕法尼亚大学开发的系统，是被公认为最早的企业信息管理系统，这个管理系统能够实现办公的自动化。20 世纪 80 年代左右，由于微机的快速发展，对企业信息管理系统研究的公司也越来越多，因此管理系统的发展进入高速时期。20 世纪 90 年代，政府及大型企业也开始采用这种系统，这时候系统已经集成了邮件及电子报表等功能，在功能方面已经相当完善了[①]。现如今，企业信息管理系统可以广泛地应用在各个行业。金融业、银行业、建筑业、制造业，几乎各行各业都离不开企业信息管理系统；企业信息管理系统带给企业管理、自动办公化极大的便利性，也使得相关公司投入资金进行系统的升级与开发。美国后来又联合多个国家制定有关标准和规范，这对企业信息管理系统的开发流程、规范性起到了正面的影响。由于国外研究较早，欧美国家先后成立了许多跨国软件公司，如德国的 SAP、美国的 QAD 等，这些企业信息管理系统在原有架构的基础上都结合了分布式技术，技术上的先进性使得这些管理系统在同行的竞争中脱颖而出[②]。

三、行政信息管理理论研究

行政信息管理涉及管理、行政管理、信息管理及信息技术应用等领域，这些领域的发展为行政信息管理奠定了基础。20 世纪中叶

① P W H Chung, L Cheung, J Stader, et al. Knowledge-based Process Management—an Approach to Handling Adaptive Workflow［J］. Knowledge-Based Systems，2003（3）.

② Dooyong Ahn, Heesung Cha. Integration of Building Maintenance Data in Application of Building Information Modeling (BIM)［J］. Journal of Building Construction and Planning Res，2014（2）.

是信息革命的起点，信息革命的发生主要有两个标志：一是信息论的提出奠定了理论基础；二是计算机的诞生提供了技术条件。20世纪70年代兴起于西方的新公共管理运动，之后的政府再造，都为行政信息管理的产生奠定了理论与实践基础。在行政管理的科学管理时期，还没有关于行政信息管理的研究，直到行为科学时期提出了管理中的信息交流原则。之后的系统理论时期，则认为组织是开放的系统，要不断地与周围的系统进行信息交换。其中以美国学者李维特为代表的信息中心学派，认为管理人员是一个信息中心，管理人员的作用就是接收信息、存储信息。行政信息管理在西方也是一个相对较新的领域，理论研究处在探索阶段，对理论的研究主要集中在行政信息管理研究视角分析、行政信息管理中的政治、权力结构研究和决策模型对行政信息管理的影响这几个方面。在何种层次上研究公共组织的信息管理存在争议：系统层级的宏观研究通常采取总体视角，从整体上分析组织信息系统，着重于关注组织整体在具体事件中的表现，而相对忽略一些细节；系统层级的微观研究视角则相对较为重视细节问题，研究重点集中于信息管理的某个方面，如决策研究。当今一系列系统理论的新秀混沌理论，其理论基础在于假设复杂的系统常常会因为一些意外的事件而偏离正常方向；而在现代政府这样的复杂系统中，类似的状况时常发生，此时用控制系统理论所主张的那种方法，即简单地收集与预设立场一致的附加信息，就无法解决上述问题。一些意外事件的发生，也就是混沌状态，往往会深深地改变现状，我们就需要用建立在最新信息和假设的基础上的全新方法去应对这些新情况。混沌理论为至今依然复杂难懂的组织事件的研究开辟了一条新的研究途径[①]。

---

① 盖伊·彼得斯. 政府未来的治理模式［M］. 吴爱明，夏宏图，译. 北京：中国人民大学出版社，2013.

信息是权力，因而政治是信息管理的内在因素。许多政府信息管理者具有计算机科学和企业管理专业的技术背景，他们通常具有优秀的技术技能，而且很快被提升到领导职位，如首席信息官。然而，有关信息技术管理的决策需要的不仅仅是技术知识。最为关键的成功因素涉及专家所缺乏的组织和政治技能，回避政治问题会导致信息管理无效。有关政治问题对信息管理者的重要性研究，主要着眼于对组织内部及外部两方面的政治因素进行探讨。信息管理者不得不处理许多组织内部与政治相关的任务，例如构建信息管理的结构，采购信息系统，在数字沟通中管理人力资源等。外部信息管理问题也正变得越来越重要[①]。例如，对在线职责信息的需求、网站的开发、信息获取及组织间对权力范围进行争论等政治问题。在传统的科层组织中，大部分重要信息都指向最高层的主管，而他们常常因此面临信息过量的问题，容易造成延误处理信息、耽误决策或者忽略基层员工相关机构的信息需求，这些都容易导致预料外的，甚至灾难性的后果。公共组织承担的工作任务日趋复杂，而信息量则迅速膨胀，尤其是网络信息，这些都迫使信息收集和决策过程逐步走向分权化。这种趋势促使公共组织强调回应顾客，并让员工参与决策，这正是政府再造的目标。在实践方面，20 世纪 50 年代计算机在政府部门的使用，可以看作最早推行的政府信息化建设[②]。到 20 世纪七八十年代，计算机的大量应用推动了行政事务的计算机化。20 世纪 90 年代初，美国克林顿政府为了减少预算赤字、增加经济活力，首次提出通过信息技术实现电子政府的概念。此后，世界上很多国家根据本国实际情况，制订各自的电子政务发展规划和目标；

① 彼得·德鲁克. 后资本主义社会［M］. 张星岩，译. 上海：上海译文出版社，1998.

② S Li, F Liu, J Shu, et al. A flattened Metadata Service for Distributed File Systems［J］. IEEE Transactions on Parallel & Distributed Systems, 2018（99）：1-1.

而行政信息管理是开展电子政务的保证，因此也成为各国实现目标过程中的重要一环。目前行政信息管理的发展现状，表现出以下明显的特点：以用户为中心，不断增加服务的广度和深度，将公众视为政府的“客户”，兼顾以客户为中心的策略和尽量向商业群体提供在线服务两者的平衡。门户网站已经成为一种基本形式，通过门户网站形成的用户与政府的互动可以使用户自由进入政府所有部门或任何一个由政府提供的服务项目。存在的问题主要是：未能有效利用互联网与公众交流，为公众服务；政务业务和运行结构滞后于行政信息管理的要求；信息系统一统化问题；成本效益不高；数字鸿沟问题，指的是拥有信息时代工具的人和那些未曾拥有者之间的鸿沟[①]。

① 卡尔．夏皮罗，哈尔·瓦里安．信息规则：网络经济的策略指导［M］．张帆，译．北京：中国人民大学出版社，2000.

第三节 中西方信息管理思想比较

以下分别从个人信息管理、企业与政府信息管理两个方面进行中西方信息管理思想比较研究。

一、个人信息管理研究的中外比较

根据前文所述可以发现，我国个人信息管理研究在前期较为落后，而国外学界开展研究较早，理论研究也比较深入，特别是早期互联网公司诞生以后，社交网络平台的建立基于个人信息泄露危机，倒逼国外学界为社会提供良好的个人信息管理理论，因此国外在20世纪50年代开始进行相关研究并取得了不小的成绩[①]。

随着我国网络信息社会的建立和不断发展，我国公民对个人信息管理的要求越来越高，学界也开始应用现有的信息管理实例进行研究，主要聚焦于个人财务信息增值和个人安全信息保护等方面[②]。

二、企业与政府信息管理研究的中外比较

通过前文研究可以看出，国内外企业信息管理体系与政府信息

① 曾梅. 知识管理：企业信息资源管理的新发展［J］. 冶金信息导刊，2002（3）：30-32.

② Tankard C. What the GDPR means for businesses［J］. Network Security, 2016（6）：5-8.

管理体系基本保持了同步发展，研究界对二者的研究也属于二位一体的情况。

企业作为综合信息管理系统的先行者，相关的研究目标是为企业提供翔实的信息分析和信息保存保密方式方法。而随着企业规模膨胀，它所控制的信息不只能够影响自身一家企业，这类信息管理方法的有效性、便捷性可能会对行业整体甚至整个国民经济发展产生影响，这就要求政府对企业的信息进行有效管控，并建立健全自身的信息管理体系，学界也立刻跟进，将政府信息管理体系作为研究重点，为社会福利体系在第二次世界大战、冷战过程中的逐步建立提供了支撑；社会安全信息管控和国民经济基于有效信息进行的宏观调控能力也基于此类研究而不断进步[①]。

国内相关研究起步于20世纪80年代，改革开放进程加快以后，对外交流，特别是对外经济交流的需求促进了我国经济学界对企业信息管理开始进行初步研究，这一时期我国研究界聚焦于对数据的收集和整理，对收集信息的应用研究较为粗放。随着互联网建设在我国的不断加快，企业与政府通过网络更紧密地联系起来，政府迫切需要对企业信息进行把控。特别是近年来国际形势的风起云涌，我国学界将研究聚焦于保护本国企业政府信息安全上面，在保证信息有效运用的同时重点研究如何将行政信息管理和企业信息管理对接，构建我国自有自建的信息安全体系，和国际标准对接的同时也能保护自有信息不被滥用、盗用。

---

① 苏新宁. 电子政务与民主决策［M］. 南京：南京大学出版社，2007.

第四节　小结与评述

本章总结了信息管理思想的沿革，梳理了个人、企业、政府之信息管理思维如何诞生、如何发展并最终构成我们今天所能应用的信息管理思维体系。

通过这些分析，可以这样认为，在人类社会演进的过程中，信息管理的思维诞生是自然而然的，有了基本社会性的人类也就有了自我必须管理的信息，这些信息所需求的管理方式也就奠定了原始信息管理思维的基础。当时代进步，生产力在与生产关系互相作用的同时也在不断刺激着人们对自身不断壮大的信息进行更有效的管理。但我们需要注意，在过去数千年的人类历史中，信息管理并不算是生产生活中的最刚性需求，低水平的生产方式中所需管理的信息数量、质量都较低，无法形成高级的信息管理思维。例如：在亚非拉部分第三世界国家中，人民求温饱而不可得。此种社会环境中，尽管已经被纳入世界资本循环中，也拥有某些互联网交互能力或特征，但此类社会中显然无法进行社会信息管理，战乱、瘟疫、饥荒会破坏信息管理的生存土壤。

时至今日，信息时代的来临正倒逼人类创新信息管理思维，以适应爆炸式增长的庞杂信息。正是在这段时期内，我们所应用的信息管理思维方式在国内外不断发展壮大、推陈出新。

本章撰写过程中，发生了某打车平台非法收集、使用用户信息，并有可能将大量信息转存至美国服务器事件。这让信息管理研究者更加正视这些重要问题。首先，在互联网时代，如何保护个人信息安全？某打车平台是如何收集这些客户信息的，又是如何非法使用这些信息的？作为消费者个体的我们如何规避风险，如何保护自身权益？其次，企业扩张是发展的必然，但这种扩张是否必须以违法违规为动力？当这种滥用客户信息的行为成为常态，其他企业行业是否会逐步跟进？整体社会经济是否会被这种行为严重破坏，造成严重后果？最后，作为管理者和引导者的我国职能部门，是否应该制定更完善的规章制度，进行更严厉的打击行动？最重要的，政府部门所掌握的社会信息更多更广，这些信息若被滥用后果将更为严重。因此，当政府进行自身信息管理建设时，严密的内部监控体系和严格的信息管理人员选拔教育制度是当前研究者所需着重进行研究的方面。

综合本章内容，编者认为：当前研究主流是信息管理中关于具体应用的部分；随着国内外各类信息滥用盗用的事件频发，研究重点将会转移到信息保护和信息保护体系建设中，这类研究会进一步拓展信息管理研究领域疆界，并为社会生活的各方面提供一定的指导。

第三章
记录管理学派

▲

CHAPTER 3

政府部门的文书管理和工商企业的信息管理是信息资源管理（IRM）研究和生成的两个重要方面和领域，二者在发展过程中形成了一套体现各自行业和领域特色的信息资源管理理论，生成了信息资源管理下的信息系统学派和记录管理学派。本章将主要介绍记录管理学派的发展史、理论及其思想，探讨不同时代背景下记录管理学派不断演进的原因；通过不同学者的相关著作来了解记录管理学派的特点，找寻记录管理学派理论在形成过程中的亮点与不足。

第一节　记录管理学派的形成与发展

记录管理学派是信息资源管理理论的一个创始流派。该学派将信息资源直接等同于记录，注重对记录的生命周期和其他媒介载体的整合与管理，主要表现为对政府部门领域的记录管理工作。本节将从记录管理学派的萌芽、奠定和拓展三方面来介绍记录管理学派整体的形成与发展史。

一、记录管理学派的萌芽

记录管理学派萌芽于美国联邦政府的记录管理。记录管理是指系统地控制各种记录，从它们的生产或接收开始，经过处理、分发、组织、存储和检索直至最终处理。记录管理的目的是规范和保管质量记录，确保记录的正确性、完整性、有效性和可追溯性。记录管理涉及对信息资源在整个生命周期的各个阶段进行严格控制，从其中的产生与组织一直到传递、使用并永久地保存或销毁。记录管理的内容仅限于一个记录，而不能够包括一些记录生产人员、录存装置、录存技术、成本等一系列活动要素。从管理手段来看，记录管理主要依赖于行政方式和法律手段。作为发号施令者的政府部门，把行政方式和法律手段扩展到了记录管理的领域。

记录管理的内容产生于政府内部的业务工作，一般情况下不包括产生于政府外部但对政府日后的业务活动有影响的信息。从发展的历程看，美国政府的记录管理大致是以 1946 年为分界线，划分为两大阶段：第一阶段是记录管理的概念、专业萌芽和形成时期；第二阶段是记录管理的发展时期。为了加强对政府记录的管理，从 19 世纪末开始到 20 世纪 80 年代初，美国国会先后成立了 8 个专业委员会，负责对联邦政府的记录管理情况进行调研并提出相应的建议。同时美国国会制定了一些法律来规范和指导联邦记录处理活动。

美国政府部门一向就有重视文书管理的传统。人们在文书管理的工作中，为了缓解记录信息日益膨胀的现象，开始考虑采取实施相应政策的方式来控制信息量，实现信息共享，从而达到减轻文书压力的目的。20 世纪初，地方政府一体化和国际化进程的不断发展，特别是第二次世界大战期间各种机构的临时增设，使文书数量和文书管理成本不断增加。对此，美国政府运用行政和立法双管齐下的办法实施整治。1942 年，美国国会制定了《联邦报告法》（*Federal Reports Act*），这是美国历史上第一个控制文书的联邦政策，《联邦报告法》规定通过控制政府文书的需求控制公民和企业的文书负担，以便减轻社会公众的统计报告负担、减少报告中不必要的重复，最大限度地利用来自公众的信息[①]。1943 年，美国国会通过了《记录处置法》（*Records Disposal Act*），授予国家档案馆在记录调查结束之后享有制订处置计划的权利。1947 年，美国联邦政府成立了“政府行政分支机构重建委员会”，由胡佛担任主席一职，因此该委员会也被称为“第一届胡佛委员会”。政府行政分支机构重建委员会在 1948—1949 年间提出了许多有益的建议，在此期间提出的《联邦记录法案》在 1950 年获国会通过，该法案涉及与联邦记录的生产和维持有关的标准、程序和技术等发展与改进问题。1953 年，“第二

① 霍国庆. 信息资源管理的起源与发展［J］. 图书馆，1997（6）：4-10.

届胡佛委员会”宣告成立，该委员会就《联邦记录法案》在实践过程中存在的各种问题进行了调查，并根据调查结果制订了一个适用于各级政府的记录管理计划，要求各级政府机构对如何削减文书进行相应评估。在之后的二十年间，美国政府还制订了一系列关于联邦文书管理的法案，其中最著名的是《信息自由法》。1965 年，美国联邦政府实施了《布鲁克斯议案》，旨在提高政府的行政管理效率，加强政府对日常文书工作的管理，为数据资源的有效管理提供政策保障。1966 年，美国政府颁布了《信息自由法》（*Freedom of Information Act*），规定任何人都有查阅联邦政府部门记录的权力，同时还授权公开这些记录。1975—1977 年，美国政府授权设立“联邦文书委员会”，该委员会由联邦和各州政府的工作人员及来自商界、劳工界和顾客群体的代表组成。该委员会对联邦政府的文书工作进行了两年的调查研究，针对卫生、教育、能源等领域中的记录保管先后提出了 37 份含有 800 项文书管理改进建议的最终报告。其核心思想是政府官员不能再将数据和信息视为“免费物品”，强调应对联邦记录和文献中的数据和信息内容进行管理并提供有效的服务，而不仅仅是对物理文献的管理。为了推行这一思想，他们提出了“信息资源管理”的概念，强调记录是有“生命周期”的，应把对诸如资金、人员、设施等资源进行控制和管理的技能应用到信息上。这些思想在美国国会 1980 年颁布的《文书削减法》中得到有效的采纳和体现。

《文书削减法》中谈及七点要求。一是减轻文书工作，明确组织的信息需求，消除信息冗余，保证信息资源共享；二是推动数据处理技术和远程通信技术的应用；三是促进统计工作；四是加强记录管理；五是实现信息公开与共享；六是制定信息政策并加强监督；七是健全组织机构。这七点要求从侧面反映出人们已经认识到要实现信息的有效存储、检索和利用，解决组织机构内部获取信息与传输信息的问题，使组织的管理者能够充分有效地获取和利用信息。为了达到提高信息的吸收与利用的根本目的，就必须在信息管理领域引入现代信息技术。信息资源管理的诞生被认为是联邦文书委员会工作的结果，《文书削减法》也成为信息资源管理发展的里程碑和信息资源管理理论形成的标志。1985 年，美国联邦政府还以"联邦政府信息资源管理"的名义颁布了 A-130 号通告，即《联邦信息资源管理》。在颁布的 A-130 号通告中，将政府信息资源管理定义为"涉及政府信息的有关规划、预算、组织、指导、培训和控制等。信息资源管理既包含信息本身，也包含与信息相关的各种资源，如人员、设备、经费和技术等"。《文书削减法》与配套建立的管理和预算办公室（OMB）一起确保了信息资源管理在美国政府各部门的实施，进一步推动了信息资源管理在政府部门文书管理领域的拓展和延伸[①]。

随着记录管理的不断发展，这些关注记录管理的学者围绕政府部门记录管理的现象和存在的问题提出了看法和措施。他们互相交流想法、提出理论和解决措施，渐渐地形成了记录管理学派，可以说美国联邦政府的记录管理是记录管理学派的萌芽。

二、记录管理学派的奠定

在"记录管理学派的萌芽"中，我们已经了解到记录管理学派萌芽于美国联邦政府的记录管理。随着时代的发展，许多新兴的信息技术逐渐亮相，使记录管理学派不断被充实。

---

① Schwartz, Candy, Peter. Records Management and the Library [J]. Norwood (New Jersey), Ablex Publishing Co, 1993：19-37.

图书情报的工作对象图书文献本身就是记录的一种形式，传统的图书情报管理的对象大多是纸载体文献和相关设施，管理手段主要是靠手工，管理的内容是对这类信息的生产、存储、检索、利用、流通等进行计划、组织、控制等活动。图书情报部门对文献信息的管理形成了信息工作的某些传统，其对信息进行组织、存取、检索、传播和利用的理论方法构成了 IRM 的理论资源。霍顿、施奈德曼等人均认为，在 IRM 出现之前，图书馆一直在从事着信息管理工作。20 世纪 80 年代起，通信技术的开发和推广为信息技术增添了新的活力，信息及通信技术（Information and Communications Technologies，ICTs）的问世实现了信息技术史上质的飞跃。由于 ICTs 提供了新的信息存贮载体和传递渠道，信息处理方式从根本上发生了变化，促进传统信息服务机构的变革[①]。随着现代信息技术的迅速发展和广泛应用，图书馆已由一个巨大文献库向信息检索网络发展。图书情报管理的面貌不断发生变化，逐渐克服了纸载体文献管理的局限性，迅速朝着数字化、集成化、网络化方向发展；在面向社会服务、实现信息资源共享和信息标准化、信息安全管理等方面都取得了显著的进展，在很大程度上超越了传统的图书情报管理的范围。除了文献信息之外，各种动态的、多媒体的信息资源也成为管理的重要对象。图书情报管理领域已发展成为信息资源管理领域的重要组成部分[②]。可以说图书情报部门的信息管理在一定程度上为记录管理学派的发展奠定了基础。

企业管理领域的信息资源管理从政府部门的文书管理领域发展而来，与文书管理领域不同的是它被赋予了新的内涵，更多地展现

① 汤津红，钟守真，杨子竞. 信息资源管理与图书馆学情报学教育［J］. 图书馆工作与研究，1994（4）：25-27.

② 邱均平，沙勇忠. 信息资源管理学［M］. 北京：科学出版社，2011.

出信息资源管理的经济特征，从而使记录管理学派的领域不断拓展，其理论和思想也得到一定的丰富和转变。

在企业管理的日常活动中，信息是否能准确、及时的传输是企业内部工作能否保持正常、高效运转的必要条件，而外部环境信息则是企业得以生存和发展所必需的“养料”。因此，信息对于企业的生产和经营活动而言是非常关键和重要的。随着社会经济的不断发展和全球经济一体化环境下企业竞争态势的形成，信息不断成为与人、财、物等资源具有同等重要地位的战略经济资源。

由于计算机技术在企业管理领域内的应用较为广泛，信息的收集、处理、传输等活动也随之发生了较大的变化。在开发出各种信息系统的同时，也带来了一系列的管理问题，比如人们逐渐关注如何能更好地利用现代信息技术手段来服务于企业和管理企业的信息资源，使其经济价值得到充分的发挥。信息系统的发展阶段经历了从技术管理到资源管理的过程，使信息资源的开发与利用在组织内部（尤其是企业内部）的主导作用得以发挥和确立，信息资源管理也因此成为企业管理的一个重要支柱。此外，由于企业是社会的经济细胞，企业的发展是整个社会经济发展的基础。因此，由管理信息系统的发展而形成的面向组织的信息资源管理在信息资源管理的总体领域内发挥着中心作用。

三、记录管理学派的拓展

在任何时代的任何国家，各级政府部门在业务活动中都会产生大量的原始记录。这些记录在数量有限时，即使不经过信息组织，使用中也不会产生问题。但随着记录的积累和政府职能的拓展、工作节奏的加快及社会发展对政府管理要求的提高，记录生产与利用就产生了严重的矛盾和冲突。随着近现代社会政府职能的不断扩大，政府记录的爆炸式增长，公文旅行、文山会海、信息过量等现象不仅大大增加了政府文书管理的成本，而且降低了政府的工作效率，文书管理成为政府部门亟待解决的问题。信息技术本身虽然为文书管理提供了工具和支持手段，但并没有解决信息爆炸的问题，相反却进一步加剧了信息的激增。

为了加强对政府记录的管理，记录管理学派建议采用行政和立法的方法实施整治，这间接促成了政府信息资源管理的产生，记录管理学派也因此在政府信息资源管理领域得到拓展。在我国，政府信息资源管理工作的产生和发展，具有明显的时代特征和广阔的时代背景。20 世纪 80 年代，世界范围的信息革命为我国各类信息资源管理的产生和发展提供了一个时代背景。从 1985 年下半年开始，国务院办公厅正式建立了各省、自治区、直辖市政府办公厅传报信息制度，初步确立了政府信息资源在政府工作中的地位。1986 年 2 月，一个由辽宁、湖北、河北三省政府办公厅发起，湖南、黑龙江、山西、山东、江苏、浙江、安徽、四川、河南九省政府办公厅积极响应的“十二省政务经济信息网络”成立。至 1987 年 10 月，又有四个省政府办公厅加入，它们共同将该网络名称商定为“十六省政务信息网络”。此后，各级政府的政府系统信息化建设开始起步，在国务院办公厅统一指导下，经过十多年的努力，全国政府系统信息化建设取得了长足的发展。在后来的发展过程中，记录管理学派的一部分人未以信息资源的基点构建理论体系，而是不断吸收信息系统理论和管理理论，逐渐形成了“记录系统管理”理论。

在本节中，我们探讨了记录管理学派的整个形成与发展史，了解到记录管理学派是萌芽于美国联邦政府的记录管理，图书情报部门和企业管理领域的信息管理则奠定了记录管理学派的发展基础，而政府信息资源管理工作的产生和发展则是建立在记录管理学派的基础之上的，并使其得到拓展。

记录管理学派的发展史如图 3-1 所示。

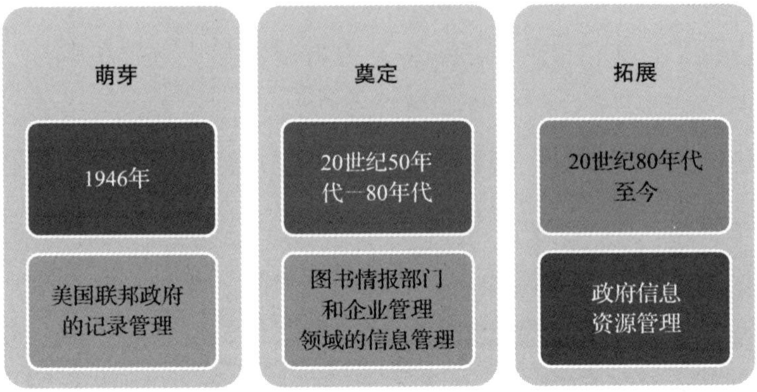

图 3-1　记录管理学派的发展史

第二节　记录管理学派主要代表理论

记录管理学派的理论主要来源于现代信息技术在记录管理中的应用，侧重于研究记录管理体系的构建。记录管理理论是与办公室文件处理有关的一种信息资源管理理论，它拥有广阔的应用市场，因此，在欧美各国尤其是美国流传甚广、影响较大。

一、记录管理学派理论的演进

在“记录管理学派的萌芽”中，我们了解到记录管理学派是在美国联邦政府的记录管理的基础上诞生的。1942 年美国国会通过《联邦报告法》以控制联邦各机构的文书工作，此后又推出一系列有关记录管理的法案，因此，记录管理学派的最初理论产生于 1946 年前后，主要是围绕记录管理的概念及其界定。

1980 年通过的《文书削减法》明确了信息资源管理的问题，许多学者基于这些问题不断思考。1984 年，里克斯（B. R. Ricks）和高（K. F. Gow）联合推出了《信息资源管理》（*Information Resource Management*），这部著作就是上述记录管理在实践发展中得到的直接产物，代表了美国信息资源管理理论的另一种传统。里克斯和高认为信息资源管理是为了有效利用信息资源这一重要的组织资源而实施规划、组织、用人、指挥、控制的系统方法。因此，里克斯和高的信息资源管理理论实际上是一种记录管理理论[①]。里克斯和高的思想和观点成为记录管理学派的主要理论，他们也因此成为记录管理学派的代表人物。

1986年，迈克尔·库克（Michael Cook）发布了《档案信息管理》，目的在于对档案和文件管理工作的理论和实践重新做出评价[②]。在书中，迈克尔·库克重新定义了“档案”一词，并从信息的观点出发，将档案馆的工作划分为三个部分。该部著作丰富了记录管理学派的理论，使迈克尔·库克成为记录管理学派的代表人物。

里克斯、高和迈克尔·库克的理论是基于文献信息等领域的信息资源管理理论，具有结构流畅、叙述简洁、内容丰富等优点，他们的著作为记录管理学派理论的发展奠定了基础。记录管理学派的主要代表人物及其学术观点如表3-1所示。

表3-1　记录管理学派的主要代表人物及其学术观点

时间	代表人物	文献著作	学术观点
1984年	里克斯（B. R. Ricks）、高（K. F. Cow）	《信息资源管理》	信息资源包括所有与信息的创造、采集、存储、检索、分配、利用、维护和控制有关的系统、程序、人力资源、组织结构、设备、用品和设置
1986年	迈克尔·库克（Michael Cook）	《档案信息管理》	要通过合作来开展档案管理和利用服务；档案机构只有在馆藏资源和人员配备等方面达到一定的规模，才能履行它的职责，提供令人满意的服务

① 夏蓓丽. 基于内容的信息资源管理中外研究比较［J］. 情报资料工作，2010（5）：60-65.

② 郭欣仪，姜玉平. 档案工作的发展方向——迈克尔·库克《档案管理》给我们的启示［J］. 档案，2011（5）：10-12.

二、记录管理学派的主要理论

记录管理学派理论的逻辑出发点就是记录[①]。记录泛指储存在任何传播媒介上的信息。从形式上划分，记录包括所有书籍、论文、图片、影像及其他载体记录下来的资料——能够反映一个组织机构的决策程序和其他活动的资料。若从内容上来划分，则包括能够反映一个组织机构的功能、政策、决策、程序、操作和其他活动的资源。记录是一个组织机构的共同记忆，它既是一种组织资源，又是一种组织财富[②]。作为资源，它主要指的是记录所包含的信息内容本身；作为财富，它主要指的是记录信息的文献资料。

记录管理学派的主要思想源于将资源视为记录，主要研究记录的生命周期，即记录的创造、采集、存储、检索、分配、利用、维护和控制过程，其实质是一种信息过程管理；同时还特别强调多媒体文献信息的管理，最终实现文献信息的有机集成。记录管理学派将信息资源等同于记录，认为记录既是一个组织的重要资源，也是一个组织的财产，高效率的记录管理有助于组织目标的实现。记录管理学派注重对信息内容的管理，并力求将组织中的传统信息部门，如文书和记录管理、图书馆、技术情报室、统计信息管理等职能集成起来。

记录管理学派关注组织的记录管理工作，注重记录的生命周期管理。记录管理是指从记录产生到最终清除之间的系统管理。记录管理系统（RMS）是记录管理理论的核心概念之一，它是针对一定的目标，由输入、处理和输出三大模块所构成的有机体。记录的创造、分配、利用、维护（包括整理和检索）、存储与剔除过程都包含在处理板块中，

① 于红梅. 国外信息资源管理理论学派概述［J］. 图书馆建设，2005（6）：26-28.

② 上海市哲学社会科学规划办公室，上海社会科学院信息研究所. 国外社会科学前沿（2010 第 14 辑）［M］. 上海：上海人民出版社，2011.

也被称为记录的生命周期，这是记录管理所依持的规律，是从记录角度展开的记录管理过程。记录管理的目标是在最适当的时间，以最低的费用，给适当的用户以最准确的记录管理系统。记录管理系统的管理核心是围绕记录系统的计划、组织、用人、控制而形成的理论，这可以看作从管理角度展开的记录管理过程。计划取决于实现预期结果的方法而又决定着组织期望达到的目标，其对象包括记录管理系统本身及相关设施、设备及用品等；组织是实现计划的过程，内容包括编写记录管理手册、建立检索系统、整合信息技术、记录管理系统在不同领域的应用等；用人是一种人力资源规划，内容包括制订当前和未来的用人计划、招聘和安置新职员、培训和发展专门人才、对职员的表现进行评价等；控制是一种对照目标来衡量结果的功能，内容包括指挥、评估、提供反馈信息等。里克斯和高的记录管理理论主要是依据管理过程展开的，就此而言，它可以说是记录管理与管理理论的一种结合。

三、记录管理学派的主要贡献

记录管理学派理论在形成过程中有许多亮点。首先，记录管理学派注重记录的生命周期，即记录的创造、采集、储存、检索、分配、利用、维护和剔除控制过程，这实质上是一种信息管理过程，这个过程构成了记录管理理论的内在依据。其次，记录管理学派还注重多种媒体的集成管理，它所定义的“记录”已经超越了组织文书记录的范畴而演变为类似我国学者的“文献信息”概念，其目的是在记录管理的基础上实现文献信息类学科的集成。最后，记录管理学派在实践中大量采用了数据处理（DP）、办公自动化（OA）、信息系统（IS）和通信技术等信息应用技术，并强调对其进行集成管理，注重信息技术规划在组织战略规划中的整合应用。

第三节　小结与评述

记录管理学派是信息资源管理理论的创始者，是由政府部门的文书管理发展而来的，它将信息资源等同于记录，注重记录的生命周期及其媒介载体的集成管理，主要体现在政府领域的记录管理工作。对于记录管理的探索，最初是着眼于文书管理，仅研究按照一定程序处理文书的活动，然后再从整个社会的信息环境背景下研究记录管理。主要的载体从开始的纸张，到磁带、磁盘、光盘、硬盘等各种新型存储介质。从历史上看，最开始系统地进行生产和保存记录的主要是政府。后来，工商企业、社团和各种社会组织也开始系统地生产和保存记录，并出现了图书馆、档案馆等专门保存和管理记录的社会机构。

本章第一节介绍了记录管理学派的形成与发展。记录管理学派萌芽于美国联邦政府的记录管理，1942 年美国国会通过的《联邦报告法》及其他一系列有关记录管理的法案，为记录管理学派的诞生奠定了基础。图书情报部门的信息管理和企业管理领域的信息资源管理奠定了记录管理学派的发展基础，使记录管理学派的领域不断拓展，其理论和思想也得到了一定程度的丰富和转变。为了加强对政府记录的管理，记录管理学派建议采用行政和立法的方法实施整治，这间接促成了政府信息资源管理的产生，记录管理学派也因此在政府信息资源管理领域得到拓展。

本章第二节介绍了记录管理学派的主要代表理论。第一部分介绍了记录管理学派理论的演进，从中可以看到，记录管理学派的理论是围绕该学派的演进而逐步丰富的。记录管理学派的最初理论产生于1946年前后；1984年，里克斯和高出版的《信息资源管理》涵盖了记录管理学派的基本理论；1986年，迈克尔·库克发布的《档案信息管理》丰富了记录管理学派的理论。因此，里克斯、高和迈克尔·库克也成为记录管理学派的主要代表人物。第二部分介绍了记录管理学派的主要理论。记录管理理论是与办公室文件处理有关的一种信息资源管理理论，主要来源于现代信息技术在记录管理中的应用，侧重于研究记录管理体系的构建。记录管理学派关注组织的记录管理工作，注重记录的生命周期管理；记录管理学派理论的逻辑出发点就是记录；记录管理学派的主要思想缘于将资源视为记录，主要研究记录的生命周期，实质上是一种信息过程管理，同时还特别强调多媒体文献信息的管理，最终实现文献信息的有机集成。第三部分介绍了记录管理学派理论的主要贡献。记录管理学派理论的贡献有三点：一是记录管理学派注重多种媒体的集成管理，它所定义的“记录”已经超越了组织文书记录的范畴而演变为类似我国学者的“文献信息”概念；二是记录管理学派注重记录的生命周期，这实质上是一种信息管理过程，这个过程构成了记录管理理论的内在依据；三是在实践中大量采用数据处理、办公自动化、信息系统和通信技术等信息应用技术，并强调对其进行集成管理，注重信息技术规划在组织战略规划中的整合应用。但是，记录管理理论也存在局限。第一，记录管理学派关注的方向有些许偏差，主要关注对信息本身和信息媒体的管理和利用。但由于其淡化信息资源观念和经济管理手段，以及较少关注信息技术和组织的技术架构方面的内容，其理论学说的视野和应用范围受到限制。第二，记录管理的理论尚不成熟，其理论并未上升到战略管理的层次，也未能真正统一文献信息管理。第三，记录管理学派在理论上对信息技术的关注度不够充分。

总的来说，记录管理学派作为信息资源管理理论的创始流派，在相关领域的应用非常广泛，其自身也具有显著特点。随着时代和信息技术的发展，记录管理学派的理论也在不断更新，不断应用到新领域，迸发出蓬勃的生命力。

第四章

信息系统学派

▲

CHAPTER 4

信息系统（IS）学派被称为“正宗”的信息资源管理理论流派，相比于记录管理学派和信息管理学派，其产生的影响更为深远。信息系统学派将信息看作一种组织资源和信息资源管理的载体，注重将信息系统运用在信息资源管理之中。本章将从信息系统学派的形成、发展和主要代表理论等方面展开阐述。

第一节　信息系统学派的形成与发展

信息系统是由计算机硬件、网络通信设备、计算机软件、信息资源、信息用户和规章制度组成的以处理信息流为目的的人机一体化系统。简而言之，信息系统就是输入数据，然后通过加工处理产生信息的智能系统。信息系统主要有五个基本功能，即对信息的输入、存储、处理、输出和控制。其主要任务是最大限度地利用现代计算机及网络通信技术加强企业的信息管理，通过对企业拥有的人力、物力、财力、设备、技术等资源进行调查了解，获得准确的数据，然后加工处理、编制成各种信息资料并及时提供给管理人员，以便进行正确的决策，不断提高企业的管理水平和经济效益。信息系统的任何组织中都有一个子系统是为生产和管理服务的。对于从事物质生产及具体工作的部门来说，它总是管理或控制系统中的一部分。信息系统有别于其他子系统，这一点像人的神经系统分布于全身每一个器官一样，信息系统也渗透到组织中的每一个部门当中。信息系统的作用与其他系统有些不同，它不从事某一具体的实物性工作，而是关系全局的协调一致。因此，组织越大，改进信息系统所带来的经济效益也就越大，信息系统的运转情况与整个组织的效率密切相关。目前，信息系统的发展建设已成为企业进行技术改造及提高企业管理水平的重要手段。

信息系统学派是欧美信息资源管理理论研究的主流，信息系统学派的理论学说是三大流派中最为系统、最为成熟的理论学说，是目前存在的五种学说中最成熟、最全面的学说，其在信息管理科学中的影响已经超过了记录管理学派和信息管理学派。信息系统学派注重信息的两大特性，分别是信息的财产特性和资源特性，强调将信息系统理论与管理理论相结合，强调信息资源管理在企业领域中的应用。信息系统学派将信息看作一种组织资源，强调对信息系统建设进行投入产出分析；将信息看作信息资源管理的载体，侧重研究其组织形式。信息系统学派还将信息资源管理提升到战略管理的高度，强调从信息资源中识别发展机会，用信息战略赢得竞争优势，特别注重案例研究和集体研究。另外，信息系统学派源于信息技术在企业管理领域中的应用，强调信息管理应该以建立满足组织需要的信息系统为核心，故将此研究学派称为信息系统学派。

一、信息系统学派的萌芽

自 20 世纪初泰勒创立科学管理理论以来，管理科学的方法和技术得到迅速发展。在和统计理论、计算机技术、通信技术等相互渗透、相互促进的发展过程中，信息系统作为一个专门领域迅速形成。从概念上讲，信息系统在计算机问世之前就已经产生，但它的快速发展和令人瞩目的成就是在计算机和网络广泛应用之后出现的。作为用计算机处理信息的人机交互信息系统，它要求即使实际开发的功能仅仅是组织中的一项局部管理工作，也必须从全局的角度规划系统，这也是信息系统在管理工作中的关键所在。

二、信息系统学派的奠定

在信息系统产生之后的半个世纪中，伴随着计算机和网络的进步，信息系统得到了迅速的发展。信息系统总体上经历了从简单的电子数据处理系统到孤立的业务管理信息系统，再到集成的智能信息系统三个发展阶段，其中集成的智能信息系统又包括决策支持系统、办公自动化和多媒体信息系统。

（一）电子数据处理系统阶段

电子数据处理系统是使用计算机代替以往人工进行事务性数据处理的系统，所以也有人称其为事务处理系统（Transaction Processing Systems，TPS）。这一阶段从20世纪50年代初商界第一次使用计算机处理工资单、财务报表和账单等开始。但电子数据处理系统有一些缺陷，如受限于当时计算机的能力和人们对计算机的认知，在使用计算机模拟人工系统时，会导致数据收集速度慢、容易出错，这也是该系统在这个阶段最薄弱的环节。

（二）业务管理信息系统阶段

业务管理信息系统是在事务处理系统基础上发展起来的第二代信息系统，但两者有显著的区别：事务处理系统是处理和获取数据，仅涉及一个部门内的操作活动。这个阶段管理信息系统主要为管理提供信息，是一个部门的管理工具，它强调管理理论方法和科学技术的应用，强调把处理信息的速度和质量拓展到组织机构的所有部门，从而增强组织机构中各职能部门的管理效率和能力。

（三）决策支持系统阶段

决策支持系统的概念是美国学者莫顿（S. Morton）于20世纪70年代首次明确提出的。它是用于解决非结构化问题，辅助高层决策工作的一种信息系统，其重点在“支持”而非“决策”。当发展到20世纪80年代末时，决策支持系统开始与专家系统相结合，形成智能决策支持系统（Intelligent Decision Support System，IDSS）。

智能决策支持系统充分发挥了专家系统以知识推理形式解决定性分析问题的特点，又发挥了决策支持系统以模型计算为核心的解决定量分析问题的特点，充分做到了定性分析与定量分析的有机结合，使信息系统解决问题的能力和范围得到了一个大的提升。智能决策支持系统是决策支持系统发展的一个新阶段。到了 20 世纪 90 年代中期，由于数据仓库、数据分析处理和数据挖掘新技术的出现，传统决策支持系统也逐渐发展形成了结合新技术的新决策支持系统。新决策支持系统的特点是从数据中获取辅助决策信息的知识，这一点完全不同于传统决策支持系统用模型和知识辅助决策。传统决策支持系统和新决策支持系统是两种不同的辅助决策方式，两者不能互相代替，只能互相结合。在之后的发展中，综合决策支持系统在融合了传统决策支持系统和新决策支持系统优势的基础上应运而生，从而实现了更有效的辅助决策。

（四）办公自动化和多媒体信息系统阶段

严格来说，办公自动化和多媒体信息系统只是前文所述的电子数据处理系统（或事务处理系统）、业务管理信息系统和决策支持系统等信息系统的一种综合应用，不可简单地把它称为新型的信息系统。但是，正是办公自动化系统在 20 世纪 80 年代的广泛应用及多媒体信息系统在 20 世纪 90 年代的蓬勃发展，使信息系统这一领域更加引人注意，而且多媒体信息系统自身也成为各类信息系统应用的方向。特别是在企业管理中，决策是否正确是确保办公管理能否正常运行的基础，使用办公自动化系统能够自动对文件进行核对，如人事关系、财务账目等。此外，办公自动化系统还可以对涉及决策的相关资料进行科学的分析，这样能够有效提高决策的科学性与数据的精准度。随着信息社会的不断发展，各种信息不仅在数量上与日俱增，而且在种类上也不断增长。除了文本、数字之外，图形、图像、声音、影视等多媒体信息在信息处理领域占有越来越大的比重，如何对海量的多媒体信息进行有效的组织和管理，以便于人们检索和查看，已成为当前的重要课题。多媒体信息系统也是在这样的背景下慢慢发展起来的，它是集电话、电视、媒体、计算机网络等于一体，是一个信息综合化系统，在目前的信息管理领域发挥着主导作用。

三、信息系统学派的发展

信息系统学派作为欧美信息资源管理理论研究的主流，被不断研究和拓展，成为信息资源管理理论中最系统、最成熟的理论学派。主要从以下五个方面来看信息系统学派的发展。

（一）从技术视角研究信息资源管理

学者认为组织信息资源管理学科体系的主线是信息技术，将信息资源管理基本等同于信息系统的管理，侧重考虑如何应用先进的信息技术组织信息资源，进而更好地满足用户不断增长和变化的信息需求，同时强调运用信息技术组织发展战略。该领域的研究者多出自信息系统领域，对信息系统的开发与管理有着丰富的经验，其管理思想也普遍经历了从技术管理到资源管理的过程。

（二）将数据管理看作信息资源管理的基础

一个企业如果没有卓有成效的数据管理，就没有成功、高效的数据处理，更建立不起整个企业的计算机信息系统。数据元素是最小的信息单元，数据管理工作必须从数据元素标准化做起。企业数据管理部门的重要职责是集中控制和管理数据，建立起企业数据管理基础标准和规范化的数据结构，协调计算机应用开发人员和用户实施数据管理的标准规范。数据管理是企业管理的重要组成部分，是长期复杂的工作，会遇到许多困难，只有进行持之以恒的钻研和努力才能见效。由信息系统发展而形成的面向组织的信息资源管理是整个信息资源管理领域的又一主要研究力量。虽然目前信息资源管理的思想还处在发展中，但是不同的思想流派和学说的存在体现了信息资源管理的多样化特征，同时也促进了信息资源管理的繁荣。

（三）将信息资源管理作为管理计算机系统的指南

信息资源管理主要涉及信息系统的开发与管理、信息资源的基础建设、信息战略管理等方面的理论与方法。信息系统的开发与管理包括信息系统的项目管理、运行与维护管理、信息系统的安全管理、信息系统的评价等。信息资源的基础建设包括数据规划、数据标准与规范、硬件和软件的选型、信息技术和系统整合等。信息战略管理包括信息技术与组织的关系、信息机构与人员、信息战略、信息政策与文化等。

（四）注重对组织进行信息资源管理

一个组织特别是企业组织，其组织内部的各项活动相互联系、相互制约，构成了一个复杂的信息系统，如何管理这个信息系统就是信息资源管理的研究内容。该领域的多数研究者将信息资源管理定位于企业组织，研究微观组织的信息资源管理活动。

（五）信息系统与组织是互为影响的关系

信息系统作为组织的重要资源，会对组织产生深刻的影响。在组织结构方面，一方面，信息系统可以简化组织中的等级制度，使组织机构扁平化，使组织和外部环境对高层领导更加透明，使他们可以运用信息系统集成或严密控制组织，增强集权化；另一方面，信息系统也可以促进组织的分权化，使员工更方便地获得顾客、市场、服务和效率等各种资源，可以为员工提供自主决策所需要的信息，增强他们的参与性和自主性。在管理过程方面，信息系统使管理者之间的沟通更加便捷，允许更多的人员参与决策。信息系统还支持组织更迅速地做出决策，使组织能够更好地组织情报，迅速识别问题和机会。在组织文化方面，信息系统使组织成员的信息观念和组织的创新意识得以增强。

第二节　信息系统学派主要代表理论

信息系统学派的主要代表人物有霍顿（F. W. Horton）、马钱德（P. A. Marchand）、迪博尔德（J. Diebold）、史密斯（A. N. Smith）、梅德利（D. B. Medley）、博蒙特（I. R. Beaumont）、萨瑟兰（E. Sutherland）、D. 胡赛因（D. Hussain）、K. 胡赛因（K. M. Hussain）、诺兰等，每位学者均有自己的代表理论和代表著作，如：霍顿的《信息资源管理：概念与案例》和《信息资源管理》，马钱德的《信息管理：过渡期的政策与工具》和《信息趋势：从信息资源中获利》（合著），迪博尔德的《信息资源管理：新的挑战》和《信息资源管理：新的问题》等。本节将对信息系统学派的演进、主要内容等进行详细阐述。

一、信息系统学派的演进

诺兰、马钱德、史密斯等信息系统学派的研究者从不同的角度研究了信息资源管理的发展过程，提出了各具特色的阶段模型，并详细说明了不同发展阶段的特征。其中，诺兰的六阶段模型、马钱德的五阶段模型及其与克雷斯莱因共同提出的四阶段模型、史密斯和梅德利提出的信息系统五阶段模型等，都是非常有影响力的信息资源管理阶段模型。

（一）三阶段模型

我国学者卢泰宏强调信息管理的历史联系性，指出“从古代的信息管理到现代的信息管理，其发展阶段可分为三个时期”：第一个时期是传统管理时期（1900—1950 年）。这一阶段时间跨度较大，管理的对象多为纸载信息，管理的手段主要是人工操作系统和机械操作系统，管理的内容是对这类信息的生产、存储、检索、利用、流通等进行计划、组织、控制等活动。其中，图书情报管理比较系统、规范，图书馆承担了文献信息的收集、整理、存储、传递职能，大量学者从事图书馆学的研究，其目的在于更有效地解决管理问题。这种管理信息的模式相对于现代信息管理而言比较基础，但也包含档案管理和其他文献资料管理。虽然人类对知识信息的保存与管理早已有之，管理信息作为一项专门的工作和事业则是在图书馆之后才兴起和发展起来的。第二个时期是技术管理时期（1950—1980 年）。这一阶段管理的手段主要是计算机和通信技术，信息技术的发展加快了信息处理、传递的速度。20 世纪 50 年代出现了基于计算机的电子数据处理（Electronic Data Processing，EDP），其主要目标是提高组织管理工作中计算、统计、制表、报告等工作的效率。20 世纪 60 年代以来，不断发展的管理信息系统是为了实现组织的整体目标，系统、综合地处理各类管理信息，是支持各级管理决策的计算机硬件、软件、通信设备、规章制度及有关人员的统一体。这一阶段人们比较重视现代信息技术的应用，着重考虑如何应用现代信息技术满足用户不断增长和变化的需求，主要是在给定的组织结构与管理模式下通过应用现代信息技术提高管理水平。这是在计算机技术及相关信息技术高度发展和广泛应用背景之下发展起来的新兴信息管理模式。第三个时期是资源管理时期（1980 年以后），以信息资源管理为特征。在技术管理阶段，如果组织结构和管理模式不合理，管理信息系统就无法实现其作用。在知识经济时代，信息资源的开发与利用对国民经济的主导作用，必然体现在利用先进的管理思想和信息技术去改造原有的组织结构与管理模式上。因此，在技术管理的基础上，整合人文因素、组织环境等内容，就形成了具有集成信息管理功能的信息资源管理。与此同时，信息主管（CIO）的出现标志着信息管理人员从以往的辅助角色跃居为管理的主角，这从一个侧面显示了信息管理已经进入新的发展阶段。

（二）四阶段模型

美国的信息资源管理专家马钱德和克雷斯莱因提出了信息资源管理的“四阶段学说”。他们对 19 世纪末至 20 世纪 90 年代信息资源管理的形成与发展过程所做的阶段性划分如下：第一阶段（1900—1950 年），物的控制；第二阶段（1960—1970 年），自动化技术的管理；第三阶段（1970—1980 年），信息资源管理；第四阶段（1980—1990 年），知识管理。

（三）五阶段模型

美国信息资源管理专家史密斯和梅德利在 1987 年合作出版了《信息资源管理》一书。他们认为，信息资源管理从 20 世纪 30 年代起经历了五个阶段，即数据处理阶段、信息系统阶段、管理信息系统阶段、终端用户及战略影响阶段、信息资源管理阶段。

（四）六阶段模型

诺兰模型的六个阶段分别是：初始阶段、扩展阶段、控制阶段、集成阶段、数据管理阶段和成熟阶段。六阶段模型反映了企业计算机应用发展的规律性，前三个阶段具有计算机时代的特征，后三个阶段具有信息时代的特征，其转折点是进行信息资源规划的时机。诺兰模型的预见性被其后国际上许多企业的计算机应用发展情况所证实。以下是诺兰模型六个阶段的具体介绍。

1. 初始阶段

计算机刚进入企业，只作为办公设备使用，应用得非常少，通常用来完成一些简单的报表统计工作，甚至大多数时候被当作打字机使用。在这一阶段，企业对计算机的情况基本不了解，更不清楚IT技术可以为企业带来哪些好处、解决哪些问题。在这一阶段，IT的需求只被作为简单的办公设施改善，其采购量少，只有少数人使用，在企业内没有普及。这个阶段的特点：一是组织中只有个别人具有使用计算机的能力；二是该阶段一般发生在一个组织的财务部门。

2. 扩展阶段

企业对计算机有了一定了解，想利用计算机解决工作中的问题，如进行更多的数据处理，给管理工作和业务带来便利。于是，应用需求开始增加，企业对IT应用开始产生兴趣，并对开发软件逐渐热情高涨，开始大幅度增加投入。但此时很容易出现盲目购机和定制开发软件的现象，缺少计划和规划，因而应用水平不高，IT的整体效用无法突显。这个阶段的特点：一是数据处理能力得到迅速发展；二是这个阶段出现了很多新问题，如数据冗余、数据不一致、难以共享等；三是计算机使用效率不高。

3. 控制阶段

在前一阶段盲目购机和定制开发软件之后，企业管理者意识到计算机的使用超出控制，IT投资增长快，但效益不理想；于是开始从整体上控制计算机信息系统的发展，在客观上要求组织协调、解决数据共享问题。此时，企业 IT 建设更加务实，对 IT 的利用有了更明确的认识和目标。在这一阶段，一些职能部门内部实现了网络化，如财务系统、人事系统、库存系统等，但各软件系统之间还存在“部门壁垒”“信息孤岛”等现象。信息系统呈现单点、分散的特点，系统和资源利用率不高。这个阶段的特点：一是成立了一个领导小组；二是采用了数据库（DB）技术；三是这一阶段是计算机管理成为数据管理的关键。

4. 集成阶段

在控制的基础上，企业开始重新进行规划设计，建立基础数据库，并建成统一的信息管理系统。企业的 IT 建设开始由分散和单点发展到成体系。此时，企业 IT 主管开始把企业内部不同的 IT 机构和系统统一到一个系统中进行管理，使人、财、物等资源信息能够在企业集成共享，更有效地利用现有的 IT 系统和资源。不过，这样的集成所花费的成本会更高、时间更长，而且系统更不稳定。这个阶段的特点：一是建立集中式的数据库及相应的信息系统；二是增加大量硬件，预算费用迅速增长。

5. 数据管理阶段

企业高层意识到信息战略的重要，信息成为企业的重要资源，企业的信息化建设也真正进入数据处理阶段。在这一阶段，企业开始选定统一的数据库平台、数据管理体系和信息管理平台，统一数据的管理和使用，各部门、各系统基本实现资源整合、信息共享。IT 系统的规划及资源利用更加高效。

6. 成熟阶段

到了成熟阶段，信息系统已经可以满足企业各个层次的需求，从简单的事务处理到支持高效管理的决策。企业真正把 IT 同管理过程结合起来，将组织内部、外部的资源充分整合和利用，从而提升了企业的竞争力和发展潜力。诺兰阶段模型总结了管理信息系统发展的经验和规律，其基本思想对管理信息系统建设具有指导意义。一般认为模型中的各阶段都是不能跨越的，无论是确定开发管理信息系统的策略，还是在制订管理信息系统规划的时候，都应首先明确组织当前处于哪一阶段，进而根据该阶段的特征指导管理信息系统建设。

由此可见，有的学者比较注重现代信息技术与信息管理活动的结合，有的则将信息资源管理活动置于人类信息活动的历史长河中加以考察，其阶段划分的基本点不同，因而形成了不同的观点。我们认为，考察信息资源管理的历史发展应注意如下三个因素：一是信息资源管理是人类信息管理活动的组成部分，它是伴随着人类社会科学技术的发展而演化的，每个历史时期均有不同的管理对象、技术手段、管理方式和内容，它们共同铸造了各时期的特征。二是信息资源管理与信息技术息息相关。信息技术有其自身的发展过程，也历经了传统至现代的发展过程。三是将信息视为资源加以综合管理，它以现代信息技术为基础，是信息社会的产物。可以说，信息作为资源管理的观念将信息管理引入资源管理的阶段，并成为该时期的特征之一。

在马钱德和克雷斯莱因的“四阶段学说”中，在信息资源管理阶段之后，还有一个知识管理阶段，以突出知识比信息更高一个层次。我们认为，信息要成为有价值的资源，必定要与人类的认知能力结合在一起，从而导致知识的产生，因此，也可将知识管理阶段纳入信息资源管理阶段。信息资源管理的发展是一个不断深化和扩展的过程，每个阶段都是前一个阶段的延续，随着人们对信息认识的逐步提高，信息资源管理思想将日益丰富，管理方式也日趋多样化。

二、信息系统学派的主要内容

信息系统学派是西方信息资源管理理论研究的主流，主要以霍顿、迪博尔德、史密斯、梅德利、博蒙特、萨瑟兰、D. 胡赛因和 K. 胡赛因等为该理论的代表人物。为进一步了解信息系统学派的思想，有必要对这些代表人物和他们的著作进行研究，如表 4–1 所示。只有在已有研究的基础上，才能对信息系统学派未来的创新发展与变革奠定基础。

表 4–1 信息系统学派的代表人物及其著作

时间	代表人物	文献著作	学术观点
1985 年	霍顿（F. W. Horton）	《信息资源管理》	适用于农业时代和工业时代的生产率概念——产出除以投入，已经不能适应信息时代的需要，必须植入信息资源和财产概念以重新定义和测度生产率
1979 年	迪博尔德（J. Diebold）	《信息资源管理：新的方向》	以迪博尔德为首的研究小组强调把信息资源的管理目标具体化为若干个可操作的目标
1984 年	D. 胡赛因（D. Hussain）和 K. 胡赛因（K. M. Hussain）	《信息资源管理》	注重计算机信息系统理论和管理理论的结合；强调系统的应用性；突出系统的实用性
1987 年	史密斯（A. N. Smith）和梅德利（D. B. Medley）	《信息资源管理》	将信息技术和信息系统建设等有机地融入管理理论与实践的框架中，从而使已拥有计算机知识和技能的人可借以把握一般管理的概念和职责，使一般管理学家可借以获取计算机专业知识，从而在整合的过程中形成真正的信息资源管理理论体系

续表

时间	代表人物	文献著作	学术观点
1992 年	博蒙特（I. R. Beaumont）和萨瑟兰（E. Sutherland）	《信息资源管理》	任何企业都不可能回避信息和通信技术的全面影响，但技术的因素并非决定因素，最终的决定力量仍是人——第一流的管理才是最稀缺的资源，他们是信息时代商战的弄潮儿

（一）霍顿与《信息资源管理》

霍顿的代表著作有《信息资源管理：概念与案例》（1979 年）、《信息资源管理手册：使信息资源管理变为易事》（1982 年）、《公共行政部门的信息资源管理：10 年的进展》（1985 年）和《信息资源管理》（1985 年）。1985 年，霍顿在其出版的《信息资源管理》一书中构建了一种面向应用的信息资源管理理论，这也是第一部真正以信息资源管理为逻辑起点的信息资源管理著作。该书共分为 5 单元 14 章，以信息资源管理理论如何提高生产率这一命题为出发点。作者认为，适用于农业时代和工业时代的生产率概念——产出除以投入，已经不能适应信息时代的需要，必须植入信息资源和财产概念以重新定义和测度生产率。他进一步区分了作为单数和复数的信息资源管理概念、信息财产概念，作为单数的信息资源指的是信息内容本身，作为复数的信息资源指的是各种信息工具，包括信息设备、信息用品、信息设施、信息工作者和其他信息处理工具；信息财产则指记录在任何媒体上的信息内容（如文献、书籍、数据库等）。信息是一种具有生命周期的资源，信息生命周期是信息运动的自然规律，它一般由信息需求的确定和信息资源的生产、采集、传递、处理、储存、传播与利用等阶段组成。信息资源管理就是基于信息生命周期的一种人类管理活动，是对信息资源实施规划、指导、预算、决策、审计和评估的过程。从信息资源管理产生的角度考察，信息资源管理是不同的信息技术和学科正在发展的产物，这些技术与学科包括管理信息系统、记录管理、自动化数据处理、电子通信网络等。在此基础上，霍顿收集了许多实例以证实、展开和帮助人们理解不同环境中的信息资源管理问题，这些实例客观上也丰富和激活了其理论体系。就霍顿所著的《信息资源管理》而论，主要优点包括理论体系严谨、概念术语规范、应用色彩浓重、案例列举得当、针对性强、注重规律性和方法论研究等。其不足之处在于没有充分认识到信息资源大户如图书馆、档案馆和情报中心等在信息资源管理中的重要性，没有在更大的范围内展开信息资源管理理论。但就其所达到的理论高度而言，该书完全可以被称为是信息资源管理的经典之作。

（二）迪博尔德与《信息资源管理：新的方向》

迪博尔德的代表著作有《信息资源管理：新的挑战》《信息资源管理：新的方向》《管理信息：挑战和机遇》《信息是竞争武器》《影响信息管理未来的6个问题》等。1979年，迪博尔德在其出版的《信息资源管理：新的方向》一书中，强调把信息资源的管理目标具体化为若干个可操作的目标，认为在一个公司范围内，信息资源管理的目标应包括：建立一种环境，只允许相关的信息进入公司的决策活动中；建立并实施一系列方法，对生产、收集信息的费用与利用信息后所获得的效益进行比较；树立信息在企业的商业活动和管理活动中被视为一种重要财产的观念；在利用信息技术之前，应首先对需求进行分析；使信息管理者的地位合法化；为所有的管理者和职员提供培训、教育和晋升的机会，使他们能掌握有关信息资源管理的技能；吸收用户参与系统的设计及有关决策活动，使之对信息生产活动及人员设备等资源负责。其理论不仅适用于当时的发展潮流，而且对后来信息系统学派的进步也起到了很大的推动作用。

（三）D. 胡赛因和 K. 胡赛因与《信息资源管理》

1984 年，D. 胡赛因和 K. 胡赛因联合出版了《信息资源管理》一书，该书共分为 7 单元 22 章，作者的信息资源管理理论准确地说是一种“计算机资源管理理论”，其核心是信息系统的开发、管理和计算机在工商企业领域的应用问题，因此它又被称为“管理中的信息系统理论”。在该书第一部分的开篇，作者基于自己对计算机资源的理解，设计了信息资源管理的框架结构，为没有计算机知识的读者提供背景知识，其余六个部分则是计算机资源管理的展开。

从作者的整个信息资源管理理论来看，主要具备以下几个特点。一是注重计算机信息系统理论和管理理论的结合，如计算机系统的审计、计算机处理的预算、变化的管理阻力、计算机部门的组织与用人、质量控制等章节都体现了这种结合的思想。二是强调系统的应用性。一方面，通过案例探索信息资源管理知识在工商企业管理中的应用；另一方面，通过附在每章后的关键词、思考题、参考书目和附在书后面的考卷，强调系统在教学领域的应用。三是突出系统的实用性。通过使用大量图表、数据、事例，不仅详细地剖析了计算机和相关技术构成，而且还具体地介绍了如何选择供应商、评价计算机的性能、保证数据的安全和节省支出等经验性知识。四是对管理知识的解答深入浅出、通俗易懂。该书以流畅的大众化语言讲述计算机信息系统的专业理论知识，即使毫无计算机学习背景，也可寻找到其学习的门路，就像作者在书中所说："学习本书不需要先行课"。五是要注意计算机资源管理不同于信息资源管理，它充其量只是信息资源管理的一个子集。也就是说，该书的名字与其内容存在一定的差异。

作者的理论同其他理论一样，都具有一定的时代背景和适应的空间，若将该理论放于20世纪80年代的美国，它无疑是管理学和其他非计算机专业的学生和爱好者偏爱的书目，是反映计算机发展前沿知识的热门理论。

（四）史密斯和梅德利与《信息资源管理》

史密斯和梅德利的《信息资源管理》于1987年出版，可以说是继霍顿《信息资源管理》之后的又一部经典著作。该书共分4单元12章。它非常注重系统性、完整性、理论性和可读性，在每一章开篇都给出文摘，末尾则列出思考题，深合教学之所需。与D. 胡赛因和K. 胡赛因的《信息资源管理》相比，史密斯和梅德利的理论有着明显的进步，它已不再是一种计算机资源管理，它将信息技术和信息系统建设等有机地融入管理理论与实践的框架中，从而使"已拥有计算机知识和技能的人可借以把握一般管理的概念和职责，使一般管理学家可借以获取计算机专业知识，从而在整合的过程中形成真正的信息资源管理理论体系"。他们从最早的人类管理活动谈起，简略地追述了管理学思想的演变过程，剖析了现代管理所面临的新形势，并指明了信息资源管理出现的必然性。随后，他们又从数据、信息、知识等基本概念入手，探讨了它们之间的相互关系及其对管理活动的影响，并由此转入对信息资源管理及其演化过程的论述。

除此之外，该书非常注重管理理论与计算机信息系统理论的结合，这种结合似一根红线贯穿始终，形成了其理论体系的主旋律。该理论是面向教学、侧重理论探讨的信息资源管理理论体系，它较好地处理了信息系统理论和管理理论的关系与融合问题，是基于信息与信息资源概念并按信息资源管理的逻辑结构展开的一体化信息资源管理理论。但它同样未能超越管理信息系统的约束，未能真正体现“通信、办公系统、记录管理、图书馆功能、技术规划等”多功能整合的理论思维。与霍顿的理论体系相比较，史密斯和梅德利的体系更富于理论的完整性，他们可以说是美国信息资源管理理论领域的推动者。

（五）博蒙特和萨瑟兰与《信息资源管理》

1992 年，博蒙特与萨瑟兰联合出版了《信息资源管理》一书。其理论学说一则源于现代信息技术应用于管理领域所引发的新的综合，二则出于“管理信息系统”专业的教学需要。该书的副标题——“基于知识社会和经济的管理”表明本书作者对即将来临的新一轮信息热潮“信息高速公路热潮”已有所觉察和认识。作者认为，以往的信息资源管理著作都是从技术的角度强调信息和通信技术（ICT）的重要性，但未能捕捉商界中的现实问题并理解信息和通信技术所提供的机会。为此，作者更多的是从管理的角度认识信息资源管理，考察信息同新技术的利用是怎样影响一个组织机构并进而影响商业运行和竞争的。

博蒙特和萨瑟兰的信息资源管理理论认为，20 世纪 90 年代工商企业面临的是信息化的社会与经济环境，任何企业都不可能回避信息和通信技术的全面影响；但技术并非决定因素，最终的决定者仍是人——第一流的管理才是最稀缺的资源，他们是信息时代商战的弄潮儿。两位作者对信息资源管理的理解也有独到之处。他们认为，信息资源管理是一个集合名词，它包括所有能够确保信息利用的管理活动，其管理对象则包括所有类型的数据、号码、文本、视像、声音和各种不同的信息与通信技术。他们还认为，信息资源不同于企业资源，它只是企业资源的一部分，其核心是由信息和通信技术所组成的技术平台，这个平台用于获取、存储、处理、分配和检索数据。而在企业的所有活动中，信息资源管理作为整体的同时又起着相当于“平台”的作用，所有其他活动都是在这个平台上进行的。就信息资源管理所包容的知识领域而言，它涉及如何应用信息和通信技术获取竞争优势的商业知识，信息经济如何改变市场的经济学知识，信息和通信技术如何影响法律框架的法律知识，信息和通信技术的应用与发展趋势方面的技术知识等，这无疑是一个综合应用的知识领域。

博蒙特和萨瑟兰的信息资源管理理论是一种高层次的应用管理理论，它对信息技术、信息资源及其管理、信息产业等问题的理解比 20 世纪 80 年代的同类著作有明显的进步；在案例研究方面，它也有所突破。然而，该理论仍然是一种重技术的理论，未能对信息资源的建设予以更多的关注，也未能将图书情报等职业信息资源纳入管理部门统一的信息资源管理框架，因而其应用范围更多地局限在工商管理领域。

三、信息系统学派的主要贡献

信息系统学派的理论学说具有许多特点，这些特点也是该学派为信息管理思想在不断形成和发展的过程中做出的重大贡献。经过概括和总结，可将信息系统学派的主要贡献概括为以下三个方面。

（一）注重信息的资源特性和经济特性

信息系统学派十分注重信息的资源特性和经济特性，认为信息是一种经过开发利用会产生价值的资源，它必须依附一定的载体才能存在。信息的价值随着时间的变化而变化，当时间推移时，信息可能老化或贬值。因此，相关学者还注重对信息资源进行成本管理和经济学意义上的优化配置及投入产出分析，以期用最小的成本发挥信息最大的作用。

（二）突出信息技术与信息系统的概念

信息系统学派突出信息技术与信息系统的概念，将信息技术管理或信息系统资源的管理视为信息资源管理的核心内容。例如，学者达菲和阿萨德认为，信息管理就是对信息系统资源的管理，“虽然管理信息系统支持任何组织规划过程，但它们本身作为一种公司资源，也必须进行规划、组织和控制”。学者戴维斯和奥尔森则指出，整个信息资源管理的职能由三大要素构成，即数据处理、电信和办公自动化。这三个板块概括了信息资源管理的全过程，强调信息技术和系统在信息资源管理中发挥的作用。

（三）注重信息资源的实用分析

信息系统学派注重信息资源的实用分析，将研究信息作为资源管理的问题，强调信息资源管理在实践领域的应用，强调从信息资源中赢得竞争优势和识别获利机会。这点在学者霍顿的理论中体现得尤为突出，霍顿的信息管理理论的逻辑起点即信息资源。他认为，信息是种具有生命周期的资源，应在信息系统中以信息的生命周期为主线研究各个阶段的信息管理。通过将信息赋予资源属性和生命属性，进而更清晰地把握信息资源管理的逻辑思路。

第三节　小结与评述

本章主要对信息系统学派的发展历程和相关理论等进行了阐述，能够帮助读者更加深入地了解信息系统学派的形成发展和代表理论。

第一节的信息系统学派的形成与发展分别介绍了信息系统学派的萌芽、奠定和发展，该节内容能够帮助读者对该学派进行溯源学习，对其基本特征形成初步认识。针对信息系统学派的发展这一部分，本节从技术视角、数据管理、信息资源管理、组织管理等五个方面进行了阐述，从多个角度向读者展示了信息系统学派的不断发展和逐步完善。

第二节的信息系统学派主要代表理论分别介绍了信息系统学派的演进、主要内容和主要贡献，该节内容可以帮助读者掌握该学派的研究方向和成果，对其思想理论进行深入了解。针对信息系统学派的主要内容这一部分，本节详细介绍了信息系统学派与信息资源管理的主要内容，虽然两者的研究应用起步较晚，但其发展迅速，特别是随着计算机技术的进步和普及，信息系统学派在信息资源管理领域的深入探索和应用也得到了快速发展。因此，我们有理由相信，在未来的信息资源管理领域，信息系统学派能起到一定的主导作用，能更好地把信息作为资源的价值和效益充分发挥出来，让信息服务于人类社会生活的方方面面。

通过对本章的学习，可以发现信息系统学派作为信息资源管理领域最重要的学派，其思想和理论都是经过实践检验和理论论证得出的，可从该学派的发展性和局限性两个方面进行总结。

就发展性而言，通过对相关学者的研究进行综述，可以发现他们不仅创新了信息系统在信息资源管理领域的理论，而且在应用层面也有显而易见的突破。以生产率这一概念为例，从农业时代开始一直到工业时代都是以产出除以投入来计算的；但到了信息时代之后，为了满足时代发展的需要，就必须植入信息资源和财产概念重新定义和测度生产率。由此可见，人们逐渐意识到信息资源管理的重要性。学者通常把信息资源管理具体化为若干个目标，如建立一种环境，只允许相关的信息进入公司的决策活动中。然后，建立并实施一系列方法，对生产、收集信息的费用与利用信息后所获得的效益进行比较。随着研究的深入，他们开始认为信息资源管理是一个集合名词，它包括所有能够确保信息利用的管理活动，其管理对象则包括所有类型的数据、号码、文本、视像、声音和各种不同的信息与通信技术。总之，不同的学者都给出了自己的研究成果，他们共同促进着信息系统学派的发展与成熟，推动着信息资源管理领域的拓展与进步。

就局限性来说，信息系统学派主要存在以下两方面的不足。一是该学派面对的对象存在一定的局限性。信息系统学派的研究人员主要是工商管理领域的管理者、工商管理硕士、管理信息系统专业师生及一般信息管理者。二是该学派的研究重心存在一定的局限性。信息系统学派是“正宗”的信息资源管理理论流派，其影响超过了记录管理学派和信息管理学派；但由于其研究重心一直集中于信息技术及其集成与组织目标的实现，未能包括传统的信息管理学科（如图书馆学、情报学、档案学等学科内容），其理论视野和应用范围受到了一定的限制，这也是该学派的理论局限性。从长远看，三大学派之间的整合或部分整合在所难免。

第五章

信息管理学派

▲

CHAPTER 5

信息管理学派作为三大流派之一，同时也是信息管理领域众多流派中最成熟的学派之一和应用性最强的学派之一。本章将主要介绍信息管理学派的发展史、理论及其思想，探讨不同时代背景下信息管理学派不断演进的原因。通过不同学者的相关著作来了解信息管理学派的特点，探索信息管理学派理论在形成过程中的亮点与不足。

第一节 信息管理学派的形成与发展

信息管理学派作为三大流派之一，在信息管理众多流派中成熟度较高、应用性较强，但也是三大流派中内部分歧最大的理论流派，学者的观点不一在一定程度上影响了信息管理学派的发展。信息管理学派的理论各具特色，主要有马丁的信息管理理论、克罗宁和达文波特的信息管理理论、斯特洛特曼的信息管理理论及中国的一些著名学者的信息管理理论。这些理论不仅为信息管理学派后来的研究者提供参考，同时也为其他流派的发展和演变提供有价值的指导。

一、信息管理学派的萌芽

信息管理学派是在信息资源管理的背景下迅速发展起来的，其学派的理论涵盖了信息资源管理的主要理论。信息资源管理始于20世纪70年代后期的美国。它起源于工商管理领域和政府部门。美国国会于1980年通过的《文书削减法》被认为是信息资源管理的里程碑，其从法律上确立了美国信息资源管理在各级政府管理机构中的领导地位。

二、信息管理学派的奠定

20世纪80年代是美国信息资源管理理论快速发展的重要时期。

工商业和政府部门的文书管理者分别朝着不同的方向迅速发展，并逐渐形成了“记录管理学派”和“信息系统学派”两个理论派系。信息资源管理理论在20世纪80年代中期被引入欧洲，并逐渐发展成为欧洲的信息管理理论。国外信息管理学派对于信息管理理论的研究有两大中心，一个是美国，另一个是英国。对于已发表的论文或教科书，美国学者经常使用“信息资源管理”一词，而欧洲学者主要使用“信息管理”的概念，但内容的结构基本上没有太大的差异。而我国“信息管理学派”的学者在研究国外信息管理理论时，虽然只是对西方学者的思想进行借鉴和修正，但也吸收了西方学者许多优质的理念。

国外的信息管理学派及后期我国学派的研究根源都是基于美国著名学者霍顿和英国学者博蒙特的相关理论。霍顿在1985年出版的《信息资源管理》中构建了一种面向应用的信息资源管理理论。该书也是第一部真正以信息资源为逻辑起点的信息资源管理专著。在霍顿看来，IRM是针对企业的信息内容和工具等进行决策和管理的。他认为的资源管理还应该包括对数据的处理和对知识的管理。从活动管理的角度来看，霍顿认为信息是有生命周期的，有着它自己的一套完整的体系，就像是一个细胞从生到死一样，在不同时期有不同的功能。而在英国，有着同样影响力的业界学者博蒙特，他的《信息资源管理》成书于20世纪90年代初期，他认为：IRM不是一种特指的名词，而是一种泛指。它包含管理的活动和对象，面向的管理对象有不同的类型，如文本、图像、视频及有关的计算机技术等。信息管理学派涉及的内部内容和外部延展是较为宽泛的。

三、信息管理学派的拓展

信息管理学派是基于信息管理的理论而产生的一种学派。信息管理是一种社会活动，人们在其中使用现代信息技术计划、组织、引导和控制信息资源，以便有效地利用它们。简而言之，所谓的信息管理的根本点是人在信息领域进行决策和管理。信息管理学派的学者一般都来自图书情报领域，但是他们又具备不同的理论和特点。信息管理学派是信息管理内部差异最大的理论学派，同时该学派理论上的相关性也较弱，但他们都以信息管理作为学科理论名称共同推进信息管理的发展，因此该学派的研究者被统称为信息管理学派。在漫长的历史研究中，尽管不同的学者有不同的研究特点，但是他们的理论体系的内容和结构并不完善。诸多学者的研究成果主要取决于自身对信息资源管理理论的理解情况和吸收程度，以及图书馆情报与信息理论的融合程度。

信息学派的主要学者来自图书情报领域，以研究图书馆、情报机构、政府文书机构中的图书、记录、文档管理为主。信息管理学派的理论分歧很大，不同研究学者的成果虽各具特色，都初步建立了相应的理论体系，但各理论体系之间的关联性不强，对某些概念没有形成统一的界定。

正所谓“一千个读者心中就有一千个哈姆雷特”，不同人对信息管理学派理论的理解也不同，研究人员的研究成果也是各有千秋，但总归是理论体系并不成熟。这个学派的主要学者来自图书情报和信息领域，因此，他们专注于图书馆情报机构和政府机构中对书籍记录和文件的管理。因此，这个派系可以被认为是传统的图书情报学在信息科学领域的扩展。

随着信息资源管理理论的高速发展，我们一直在追寻信息管理学派的起源。进入新时代，这个学派在理论传统逻辑的起点、技术内容、发展阶段及研究方法上都有所不同，但它们多样化的发展和相互支持推动了信息资源管理理论的繁荣。因此，有必要充分研究国外信息管理学派和国内信息管理学派的观点，构建 IRM 学科系统，保证 IRM 的内在一致性，使 IRM 能够有效地整合学科资源，并最终发展壮大。信息管理学派的发展史如图 5-1 所示。

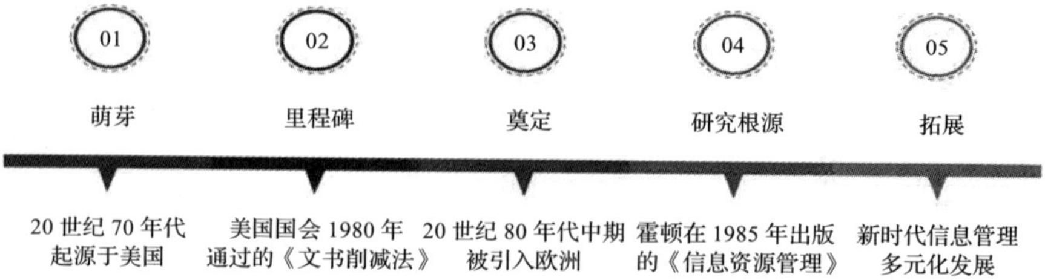

图 5-1 信息管理学派的发展史

第二节　信息管理学派主要代表理论

信息管理学派的理论是建立在数学、管理科学、信息科学与技术等理论的基础上，是融合多个学科的理论。该理论产生的背景是社会发展下人类对信息使用的加剧，尤其是随着企业信息管理实践的发展，信息管理学派理论的研究也不断丰富，形成了大量有代表性的理论。

一、信息管理学派理论的演进

国外信息管理学派的代表人物是英国学者马丁（W. J. Martin），美国学者克罗宁（B. Cronin）和达文波特（T. H. Davenport），德国著名学者斯特洛特曼（K. A. Stroetmann）等。他们的代表性著作有：马丁的《信息社会》、克罗宁和达文波特合著的《信息管理的要素》、斯特洛特曼的《“为信息服务的信息管理——90 年代的经济挑战”会议论文集》等。该学科的大多数研究人员在图书情报和信息领域工作，尽管他们的理论观点分歧较大，每个人都有自己的特点，但他们也相互借鉴，初步构成了完整的信息管理体系，他们都将信息管理作为学科理论名称，所以把他们归为信息管理学派。

我国信息管理学派的代表人物以卢泰宏、符福桓、胡昌平、王万宗为主。主要代表作有卢泰宏的《国家信息政策》、符福桓的《信息管理学》、胡昌平的《信息管理科学导论》、王万宗的《信息管理概论》等。虽然国内信息管理学派的研究起步较晚，与国外相比不是特别成熟，但如今也处在稳步发展的时期。许多著名的图书情报学家纷纷接受了国外先进的信息管理思想，并系统地将它们引入中国。他们的研究和不断突破将信息管理研究推向了蓬勃发展阶段，信息管理学派的主要代表人物及其学术观点如表 5-1 所示。

表 5-1 信息管理学派的主要代表人物及其学术观点

时间	代表人物	文献著作	学术观点
1988 年	马丁（W. J. Martin）	《信息社会》	将信息管理放在信息社会的大环境中讨论，并将其运用于投入产出理论
1991 年	克罗宁（B. Cronin）、达文波特（T. H. Davenport）	《信息管理的要素》	从个人直觉开始，使用模型、隐喻和相关方法分析信息管理的深刻含义
1992 年	斯特洛特曼（K. A. Stroetmann）	《“为信息服务的信息管理——90 年代的经济挑战”会议论文集》	将信息管理理论界定在信息服务内部，并通过一系列信息的经济转化过程实现了管理过程和信息过程的统一
1985 年	孟广均	《信息资源管理理论》	从三个层面介绍了信息资源的作用和应用，并提出我国信息管理与国外的差异
1993 年	卢泰宏	《国家信息政策》	提出了“三维结构理论”
1994 年	符福桓	《信息管理学》	提出了信息管理要以社会信息为基础，建立了较为完备的宏观信息管理科学体系
1995 年	胡昌平	《信息管理科学导论》	建立一个大型的、符合我国国情的信息管理系统，期望迎合我国市场经济的运行机理
1999 年	岳剑波	《信息管理基础》	从管理角度理解信息管理，提出信息管理分为三个层次：微观、中观及宏观
2000 年	王万宗	《信息管理概论》	提出了信息管理需要建立一个学科群，并指出了信息管理在信息科学等各学科中的应用

二、信息管理学派的主要内容

基于上述不同代表人物提出的观点，以下将其分为两个部分，即理论信息管理学派和应用信息管理学派。

（一）理论信息管理学派

理论信息管理学研究信息管理学的基础理论，主要研究信息管理的定义、特征、分类、范畴、基本功能；信息管理的原则、方法、体系结构；信息管理的计划、组织、领导、控制；信息管理的形成和发展等。其理论基础是信息科学和管理科学，具体学派和观点如下。

1. 马丁的《信息社会》

马丁在英国昆士大学任教期间发表论文《信息社会》，该论文于1988年出版。其在论文中有一章是专门用于探讨“信息管理”的内容。马丁的信息管理理论虽然只有一章的篇幅，但仍有必要将马丁对信息管理的理解作为一个理论框架加以凝结，并进行充分的解释，以了解信息管理理论被引入英国的变化。早年的英国，人们对信息管理的了解都是源于马丁对信息管理的认识。受美国信息资源管理理论的重大影响，马丁在文中反复引用了霍尔顿（Holden）和马蒂安（Matthian）的著作，但马丁的理论并不是对上述理论的完整复制，而是在已有理论的基础上融入自己的观点。作为图书情报和信息领域的研究学者，马丁在谈到信息管理的背景时，认为可以从两个层面理解信息管理：第一，信息管理是图书情报领域复杂问题的一个延伸；第二，这些问题的复杂化又是社会内部变化的结果，这些变化源于信息的机构化和人们对信息认知的深化——信息是竞争优势和利润之源。

马丁的信息管理理论比较接近信息资源管理理论，其理论主要涉及：信息管理的内涵和意义、信息管理要素、信息管理的原则、信息管理的认知、信息管理的制约因素、信息管理的实施与信息管理的过程等。尽管以如今的眼光看待马丁的理念，人们会认为其存在很多不合理的地方，但是以马丁为代表的信息管理理论对该学派的研究贡献还是值得被历史记录下来的。马丁认为，信息管理是一项活动，信息管理使有价值的信息资源通过标准的管理和控制过程以实现其价值，通过信息收集、储存和传播工作等过程，使信息资源为组织机构的目标服务。在他看来，信息管理同时也是一个管理过程，即计划、预算和最终确定信息资源的过程。良好的信息管理通常意味着较少的信息可用于实现预定目标。因此，有必要降低信息收集、存储和传播活动的成本，并对目标、方法、预期结果、信息资源、信息需求与利用、限制条件等因素进行规划。有必要对信息的投入和产出进行预算，对照计划成本和实际成本进行决算和评估，对信息管理全过程实施成本控制。简而言之，信息管理是使用信息支持组织目标的活动，并且是战略层次的管理活动。

2. 斯特洛特曼的《“为信息服务的信息管理——90 年代的经济挑战”会议论文集》

斯特洛特曼是德国的信息管理科学家。1992 年，其在发表的《“为信息服务的信息管理——90 年代的经济挑战”会议论文集》中阐述了对信息管理的理解。斯特洛特曼首次提出将新兴信息管理理论与“文献情报学”结合，将信息管理学派的思想推上一个新的高度。

这篇论文的主要内容包括信息管理的定义与意义、为信息服务的信息管理的背景、信息的经济化过程、信息资源、战略管理、信息服务中战略信息管理的分析框架等。斯特洛特曼认为，应该将信息管理理论界定在信息服务内部，并通过“信息的经济转换过程模型”实现管理过程和信息过程的统一。斯特洛特曼的信息管理理论的核心是对信息管理背景、信息的转移过程和信息资源的论述。他认为，信息管理的背景可分为三个层次，其中，信息管理是信息服务的内核，信息服务则构成了信息管理的第一重背景，图书馆和情报服务是信息服务的有机组成部分；在信息服务的外圈，信息商品市场和信息环境依次构成了信息管理的中观背景和宏观背景。斯特洛特曼在他的论文中还指出，信息管理是组织和控制信息资源及相关信息过程的一大理论。在日常生活中，人们常常接触到这一理论，信息的内容、信息基础设施及信息系统这三大部分组成了信息的资源。信息过程则包括信息产品的生产过程和信息服务的提供过程。斯特洛特曼通过引入“价值链”这一概念，将信息管理简明地概括为沿着价值链的信息管理。所谓“价值链”概念，据斯特洛特曼的理解，就是由信息资源的供给、输入、生产、输出、推销、用户服务等环节所组成的有序过程。其论文最有价值的部分是信息的经济转化过程。在此之前，人们认识到的信息管理理论中仅描述了诸如计划、预算、控制等所谓的“管理过程”，或者是仅仅描述信息资源的获取之类的“信息过程”。斯特洛特曼的成功之处则在于巧妙地实现了两种过程的统一，并从中形成独具特色的信息转换过程。供应商和客户通过信息服务系统进入市场，并进行信息、资源、货币等方面的交流。信息服务系统本身分为两个层次，第一，管理层次的功能是对操作进行规划、组织和控制；第二，操作层次的功能是实施信息转换。斯特洛特曼的信息管理过程理论是一个相对理想的模型，一方面整合了管理和信息过程，另一方面为专业的信息管理（图书馆、档案馆、信息服务等）与应用信息管理（如管理信息系统、办公系统）提供了一个“汇聚点”，因此，用途更加广泛。

斯特洛特曼认为信息管理理论应包括以下三个要素：首先是信息内容，既包括信息服务或从外部信息源获取的信息，也包括与内部活动有关的理论和方法论信息、管理和操作信息、与决策相关的信息，还包括与外部活动有关的交易信息、用户信息和市场信息；其次是信息系统，其要素包括系统目标、操作人员、信息内容、软件、硬件、内部规则等；最后是信息基础结构，在此是指一个组织结构的信息基础结构，它由各种可共享的数据库、计算机硬件设备、数据库管理系统和其他软件、局域网等所构成。信息内容、信息系统、信息基础结构形成了一个组织信息管理的三位一体结构。与此同时，斯特洛特曼还认为信息管理其实是一种战略管理，这种管理的创新点是信息产品或服务的创新、信息转换过程的创新和市场营销的创新等。不仅如此，他的理论还形成了一种框架。这种框架可以用于战略信息管理分析；还可用于信息服务领域，控制整个图书馆和信息服务及单个服务或产品特殊战略管理区域。斯特洛特曼的信息管理理论闪烁着德国学者的理性思维，将广阔的视野、准确的理解、精妙的分析和简洁的模型展现给信息管理学派的学者和后人。

3. 孟广均的《信息资源管理理论》

孟广均于1985年在他的《信息资源管理理论》一书中指出：“国外已经普遍加强了对信息的管理，他们认为不受控制的信息不再是一种资源。”孟广均认为，对于信息资源不应仅仅是简单的利用，还要进行信息的收集、处理和必要的记录。1992年，他与学者卢泰宏合作，推出《信息资源管理》专刊，在该专刊上全面介绍了国内外的信息资源管理研究。

孟广均从知识工程的角度出发，阐述了有关信息资源管理的概念和发展、信息资源管理的学科体系、信息资源管理的理论和技术基础、信息资源的过程管理、信息资源的网络管理及信息资源的宏观政策管理等内容。

孟广均指出，信息资源作为一种常见的社会性的决策活动，主要是在三个层面上展开的，其信息管理理论如图 5–2 所示。从国家层面来讲，政府的信息资源管理部门主要运用法律实施信息资源管理。从网络层面来讲，信息资源通过引领、组织和协调促进信息产业的发展，以确保信息资源的充分开发利用。同时，信息资源管理机构通过在国家信息政策和信息市场框架内的共识机制、利益机制和共享机制寻求相互协调和管理。从机构层面来讲，信息资源管理活动在信息主管的协调下实施高度集中的一体化管理，这些活动包含常见的图书馆情报的业务工作，也包含一个机构的档案工作、文书工作、计算机信息管理系统、广告策划、公共关系、研究发展等。

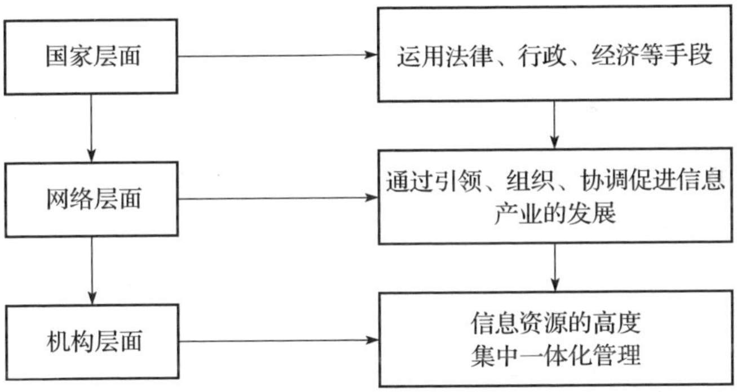

图 5–2　孟广均的信息管理理论

（二）应用信息管理学派

应用信息管理学研究信息管理学的应用理论，主要研究以下内容：一是企业信息管理。企业信息管理主要研究如何利用现代信息技术对企业生产经营过程中各环节所涉及的信息进行收集、整理、分析和利用，配合企业的人、财、物，实现企业的目标。二是政府信息管理。政府信息管理主要研究政府机关部门的信息管理、信息化和办公自动化等。三是信息生产管理。信息生产管理主要研究信息产品的开发和生产的理论和方法，包括信息的采集、鉴别、筛选、整序、激活、存储、传播的机制和方法。四是信息系统管理。信息系统管理主要研究信息系统的分析、设计、实施、评价、维护，组织信息资源的配置，以及信息系统管理与组织竞争战略的关系等。五是信息产业管理。信息产业管理主要研究信息产业的发展和管理模式、产业政策、产业立法、传统产业信息化，以及产业结构、产业关联、产业组织等产业经济问题和产业管理的关系问题等，具体学派和观点如下。

1. 克罗宁、达文波特的《信息管理的要素》

克罗宁供职于美国印第安纳大学图书馆和情报学院，达文波特供职于苏格兰斯特拉斯克莱德大学情报科学系，但他们不满足于现有的理论思维和探索，试图从个人直觉开始，使用模型、隐喻和相关方法分析信息管理的深刻含义。1991 年，他们合作出版著作《信息管理的要素》一书，从此开拓了信息管理理论研究的新领域。该书分为五个章节，分别是模型、隐喻和转喻、资产激活、价值分析、竞争优势，以及商品和市场，信息管理学派的思想得到了进一步推进。

克罗宁和达文波特的理论旨在统一信息管理领域的各种理论。他们从个人的直接感受开始，尝试使用诸如模型、隐喻和相关性探索之类的研究方法揭示信息管理的本质，用从特殊到一般的方法探索信息管理领域。他们把信息管理分为三种模型：隐喻模型、转喻模型和分类模型。隐喻模型是根据事物描述目标事物的方法，常见的隐喻包括资源、武器、资产、财产、商品等；转喻模型是以部分代表整体的方法，常用的转喻包括肖像、关键词、文摘、概要、屏幕菜单等；分类模型是基于共同的、明显的因素来约束分离的实体，常用的分类方法包括等级分类、综合分类、语义网、图形理论、结群分类等。克罗宁和达文波特的模型和隐喻是从现有概念中所蕴含的丰富的语义内容来推论和生成模型的方法，是需要思考、想象和创造的方法。

克罗宁和达文波特在其著作中写道，信息属性是信息管理中的重要概念。他们认为信息属性是在特定的情境中建模的，特定的场景主要分为四种：企业、政府、大学和图书馆。他们在这四种情景下运用 2×2 矩阵逐一分析它们的信息属性。以图书馆为例，信息资源可分为六种主要类型：藏书、不动产、职业技术、信誉、技术基础和继承物。这些属性可以包含在属性矩阵模型中进行分析。图书馆中的资源只是静态资产，要激活这些资产，需要使用资产管理策略。这些策略包括转让、租赁、特许经营、合同承包、重估和开发。

总结来说，克罗宁和达文波特提出了以下观点。一是信息价值是与信息属性有关的概念。从某种角度上说，价值是属性的前提，任何事物没有价值就没有属性。他们认为，信息值分为实际值和符号值，如商标和产品分别对应于信息的符号值和实际值。而在现有的信息资源管理理论中，通常用来衡量信息价值的方法是研究信息与生产力之间的关系，但结果往往难以使人信服。因此，他们建立了信息价值的三维研究模型：情境——模式——焦点组合。这可以被看作信息价值分析方法的突破。二是信息产品是一种信息属性价值和竞争的统一。它是可以在信息市场上直接或间接买卖的。信息产品（书籍、杂志、软件包等）、信息服务（联机检索、信息咨询和分析、图书馆服务等）、信息软产品（专利、配方、设计、商标等）、信息资产（计算机及其配件、计算机外围设备等）、信息渠道（商业网络、广播、有线电视等）都可称为信息商品。当然，在许多情况下，信息还不是商品。信息管理者如果不将信息管理视为支持服务或高质量服务，而是将信息管理置于开放的开发市场中，那么更多的信息资源将变为信息商品。

2. 卢泰宏的《国家信息政策》

中国学者卢泰宏于1993年发表《国家信息政策》一文，在文中他详细介绍了他所理解的信息资源管理理论。其中，“三维结构理论”是该书的核心理论。卢泰宏的理论是国内信息管理学派的开端，带动了我国信息管理学派的发展。

“三维结构理论”提出，信息管理是三种基本信息管理模式的集约化，这三种模式分别是：对应于信息技术的技术管理模式，其研究内容是新的信息系统、信息媒介和利用方式；对应于新的信息经济的经济管理模式，其研究内容是信息商品、信息商品市场、信息产业和信息经济；对应于信息文化的人文管理模式，其研究内容是信息政策和信息法律等。卢泰宏的“三维结构理论”如图5–3所示。

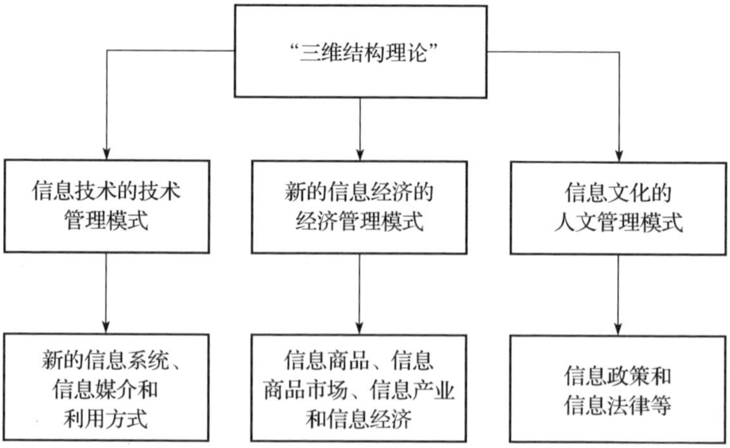

图5–3 卢泰宏的“三维结构理论”

卢泰宏是国内最早接触国外信息管理理论的学者，他指出信息管理是一种新的管理领域和趋势，是最基本的管理方法，并且它的水平将影响和制约着其他一切具体管理的效率。他将信息管理的基本问题概括为五个，分别是存、理、传、找、用。存即保存、存留；理即整理、加工；传即传播、传递；找即查找、检索；用即利用、使用。卢泰宏认为，信息管理是通过三种信息管理模式综合形成的产物。“信息资源”要转型就必须要进行信息管理。信息管理囊括了信息的控制、组织、处理和计划。信息管理不仅专注于管理的过程，还应该有与信息活动相关的各种要素，如信息量、机器设备、人员等。

3. 符福桓的《信息管理学》

中国学者符福桓也是信息管理学派的早期代表者之一。与卢泰宏教授的研究思想相比，他对信息管理理论的研究采取了不同的视角，可以说是开辟了一番天地。1994 年，学者符福桓在他撰写的《信息管理学》中给出了他对信息管理的理解。这本书涵盖了信息管理学的理论和方法，针对信息管理的诸多问题进行了详细的分析。

符福桓认为，信息管理研究应包括信息的获取、加工存储、报道、传递和提供使用全过程管理的原理、原则、方法和技术。信息管理的主要目的是为人类提供有效的方法、工具和手段来收集知识，参与科学研究和生产活动。他认为，信息管理实际上是指信息社会的一种管理活动而已，是运用计划、组织、指挥、协调、控制等基本职能，对信息收集、检索、研究、报道、交流和提供服务的过程有效地运用人力、物力、财力等基本要素，以期实现总体目标。

符福桓提出，信息管理学就是研究科学地组织管理信息工作理论与技能的一门学科，是研究与探讨整个信息系统各种要素及其信息活动全过程规律性，以及信息工作的组织、结构、应用技术与一般方法的科学。换句话说，信息管理体系旨在以信息管理为中心优化和科学化管理系统。总体而言，他的信息管理研究框架系统地介绍了信息管理的原理和方法，在国内信息管理研究领域中具有重要意义。

4. 胡昌平的《信息管理科学导论》

中国学者胡昌平对于信息管理的理解主要体现在他于 1995 年出版的著作《信息管理科学导论》中。这本书所建构的信息管理体系是基于胡昌平曾经出版的三本著作，分别是《情报用户研究》《信息社会学》《情报控制论基础》。在《信息管理科学导论》中，胡昌平以社会信息为基点构建了宏观的信息管理科学体系，认为信息管理理论主要是研究社会的信息现象。

胡昌平认为，信息管理科学就是研究社会信息现象的科学，其主要内容包括社会信息现象与规律研究、信息组织与管理研究、信息服务与用户研究、信息政策与信息法律研究四个方面。信息管理这一学科从生活中来，同样也要到生活中去。信息管理研究的是社会，信息管理科学体系的特点如下：第一，它是以“用户与服务”为中心组织相关学科知识的；第二，它是以社会信息流的有序运行为纲，衔接有关章节内容的，其论述的重点是社会信息流的控制与产业化问题；第三，它的主导思想是统一科技信息与经济信息，形成一体化的信息管理机制；第四，其实质是科技信息管理理论的推演与扩展。

在《信息管理科学导论》这本书中，胡昌平尝试建立一个大型的、符合我国国情的信息管理系统，期望迎合我国市场经济的运行机理。

5. 岳剑波的《信息管理基础》

岳剑波教授于1999年在《信息管理基础》中指出："信息管理是对信息资源及其开发和利用活动的一种管理。"显然，这是从管理角度阐述信息管理的定义的。他认为，信息管理分为三个层次：微观、中观及宏观。

岳剑波研究的内容主要包括信息管理的基础理论、信息产品管理、信息系统管理和信息产业管理四部分。岳剑波认为，信息管理面向的主体是人，是使用一般原理和一般方法进行研究社会性管理活动的学科。社会信息管理现象的广度和复杂性要求人们进行系统而全面的研究。信息管理范围的扩展与人们对所管理内容的理解密切相关。

岳剑波指出，信息资源与信息的活动是信息管理目标的两个方面。一是信息资源，对于信息资源这个概念有两种不同的理解，即狭义的信息资源和广义的信息资源。二是信息活动，信息的生命出现在传播各种信息的过程中，信息从生成、传播到收集、加工，再到吸收、利用的过程，这样形成完整的"信息生命周期"。从管理层次看，信息管理具有微观、中观和宏观三个层次。微观上的信息管理是指狭义的信息资源管理，即对信息进行收集、加工、组织，形成信息产品，并引向预定的目标。中观上的信息管理是指广义上的信息资源管理，即对涉及信息活动的各种要素进行合理的计划、集成和控制，从而开展能够合理满足社会对信息需求情况下的信息资源管理活动。从宏观的层面上来讲，信息管理是在广义信息资源管理的基础上再增加信息产业管理这一部分而形成的。

6. 王万宗的《信息管理概论》

王万宗在他于2000年出版的《信息管理概论》中描述了他对信息管理理论的理解。《信息管理概论》由王万宗教授组织的一群青年学者撰写，它是许多信息管理书籍和教科书中出版比较晚的。该书是将信息管理作为一个学科群来构建的，汇集了与信息管理相关的学科内容，有信息传播系列学科、信息服务系列学科和信息整序系列学科。

王万宗的《信息管理概论》主要内容包括：信息与信息管理、信息技术、社会信息传播业、信息传递与社会信息流、信息资源管理、信息服务、信息服务业与信息商品市场、信息商品及其价值价格、信息管理业的管理。王万宗指出，信息管理体系是各行业各部门收集、分类、存储和提供信息服务的理论体系。

此外，王万宗在其书中还指出，从某种程度上来说，信息管理理论不是建立一个理论体系，而是寻找一种在信息管理领域实现集成的方法。他认为“信息管理是信息科学在一些学科中的应用”。其应用主要包括三个部分：一是信息传播系列学科，如传播学、新闻学、宣传学等；二是信息服务系列学科，如档案学、图书馆学、情报学、咨询学等；三是信息整序系列学科，如分类法、主题法、引文法等。为了将上述内容整合到信息管理体系中，王万宗在《信息管理概论》中将相关学科的研究主题融合在信息管理系统中。

三、信息管理学派的主要贡献

理论信息管理学派和应用信息管理学派的代表人物均提出了自己独特的见解，建立了较为完整的信息管理体系，这些先进理论促进了信息管理学派的蓬勃发展。下文就各学者的贡献加以总结。

（一）马丁理论的贡献

马丁的信息管理理论虽然只有一章，但这些理论成果被国内外许多信息管理学派的大师所借鉴。在英国，人们对信息管理的理解大多源于马丁的理论，该理论在学术界的高度是难以比拟的。

马丁的信息管理理论与信息资源管理的出发点在根本上是一致的，换句话说，马丁的信息管理理论实质上是对信息资源管理理论的部分继承。他们的理论框架和基本概念部分继承了马蒂安理论和霍顿理论，但还是有不同之处的。马丁将信息管理置于信息社会中，说明他对信息管理的理解程度逐渐加深；非常重视投入产出理论的应用，这也体现了他认识到信息与资源的内在关联。

（二）克罗宁和达文波特理论的贡献

克罗宁和达文波特以全新的思想，打破多年来形成的特定的约束和概念，并在常规的理论水平上延展信息管理理论。虽然该理论还具有诸如缺乏理解、模棱两可、过度抽象及缺乏实证研究的缺点，但是，作为哲学意义上的信息管理理论，其他学者的信息管理理论通常也达不到克罗宁和达文波特的高度和深度。该理论已经成功地建立了它的系统和方法，也完全可以被称为信息资源管理的经典。

（三）斯特洛特曼的贡献

虽然与其他理论相比，斯特洛特曼的信息管理理论缺乏对实践案例的支持，更多的是一种理论推导或创新；但斯特洛特曼的信息管理理论理性思辨性很强，试图将新型的信息管理理论与文献情报学统一起来，并取得了成功。

（四）孟广均的贡献

孟广均在分析国外研究理论的基础上研究国内的信息管理理论，进一步把我国信息管理学派的学者研究推向了高潮。

（五）卢泰宏的贡献

虽然卢泰宏的思想仅仅是国内信息管理学派的萌芽，没有构建出较为完善的信息管理框架，但从我们当前的研究热点来看，他的理论体系是具有前瞻性的。例如，现今的信息管理研究领域，关注信息技术的蓬勃发展，信息产业在社会产业中所占比重也逐渐增加。同时这一过程面临着一系列问题，如知识产权、信息自由、信息伦理、信息犯罪与法律制约着整个信息管理的健康发展。卢泰宏教授对信息管理理论的研究也极大地促进了国内信息管理相关领域的发展。他的三维构思是开创性的，为之后的研究提供了很好的参考价值。

（六）符福桓的贡献

符福桓的《信息管理学》代表了20世纪90年代初信息学理论研究的水平。虽然符福桓理论的框架体系仍然较为模糊，但其理论还是有力地促进了我国信息学基础理论研究的深化与发展，为构筑信息学理论体系大厦打下了良好的基础。这是一种具有创造性、开拓性的研究工作。

（七）胡昌平的贡献

胡昌平的信息管理理论由于原有知识结构的局限性及信息资源管理研究本身还不成熟，存在一些不足，但胡昌平还是提出了很多新颖的观点。目前在韩国，对于信息管理的研究成果主要是参考胡昌平的理论。这说明胡昌平的理论体系具有很大的参考价值，同时韩国对于信息科学这方面的研究已然开始面向更广阔的社会信息世界。

（八）岳剑波的贡献

岳剑波首次从信息管理的微观、中观和宏观三个层次进行系统解读，目前其理论被大量传播和学习。

（九）王万宗的贡献

王万宗的理论贡献在于为我国的信息管理理论提供了新的思路和方法，他的研究成果也被许多学者学习和探讨。

第三节　小结与评述

综观本章的体系，信息管理学派的学者不仅建立了相对完整的理论框架，而且将理论推向了实践领域。英国学者马丁继承了马蒂安理论和霍顿理论，将信息管理放在信息社会的大环境中讨论，并将其运用于投入产出理论。美国学者克罗宁和达文波特运用模型、隐喻及相关分析等方法分析信息管理的深刻内涵，并使之上升到理论层次。德国学者斯特洛特曼将信息管理理论界定在信息服务内部，并通过一系列的信息的经济转化过程实现了管理过程和信息过程的统一。我国信息管理学派的学者也提出了很多新颖的观点。学者卢泰宏提出了著名的“三维结构理论”，这三种模式分别是信息技术的技术管理模式、信息经济的经济管理模式、信息文化的人文管理模式。学者胡昌平在他的《信息管理科学导论》一书中提出了信息管理要以社会信息为基础，建立了较为完备的宏观信息管理科学体系。学者符福桓在《信息管理学》中研究了整个信息系统中的各种要素及信息管理活动的全过程。学者王万宗在他的《信息管理概论》中提出了信息管理需要建立一个学科群，并指出了信息管理在信息科学等各学科中的应用。学者孟广均在他的《信息资源管理理论》中从三个层面介绍了信息资源的作用和应用，并提出我国信息管理与国外的差异。我国绝大多数学者对国外的研究进行了部分的继承。对于信息管理理论的框架，我国部分学者沿用了国外学者的观点；但我国对信息管理学派理论的研究却有所不同，均是对应中国的特点进行了有针对性的研究，并应用到我国的相关理论中。虽然我国对该领域的研究起步较晚，但是我国信息管理学派相关理论的研究态势丝毫不弱。随着科学技术的不断进步、信息技术的不断发展，信息管理的理论体系会更加系统完善、应用领域会更加广泛，相信信息管理学派在未来还会迎来一个更加长远的发展。

（1）通过以上的论述，会发现信息管理学派的学者不仅仅建立了较为完善的理论框架，同时还把理论框架用于实践中。国外信息管理学派在建立信息管理体系的同时，最终的目的还是解决实际问题。20 世纪 90 年代初中国引入了信息管理理论，在结合中国国情和特点的情况下把与信息管理相关的理论用于解决实际问题。

（2）国内外信息管理学派的研究主要集中在图书情报领域，绝大多数学者认为信息管理理论是图书情报理论的一个很好的延伸。既保留了原有图书情报领域基本的框架逻辑，又在图书情报的基础上结合了信息科学等新的理论。且信息管理学派的学者之前研究的领域也是图书情报领域，他们本身的工作是图书馆中的工作人员或者信息科学家。随着经济社会、科学技术的不断发展，如今信息管理的研究领域也在不断呈现多元化趋势。

（3）学者对于信息管理领域的研究由浅入深。对于信息管理的探索，从最初仅限于传统的文档信息管理，对信息管理的研究也仅限于文档信息的分类和使用，后来又扩展到了科学管理，最后在整个社会的信息环境背景下研究信息管理。可以说，从最初就对图书馆的实际工作有了更深入的了解，到最后从经济、技术和管理等各个角度对信息管理都有了一定的了解。在这一过程中，许多学者对信息管理理论的研究进行了不断的探索和创新。

（4）随着经济社会的不断发展，信息管理不仅是一个理论领域，而且是一个应用领域，在多个应用领域发挥着举足轻重的作用。图书情报理论在信息管理的发展中发挥了重要的作用。国外的学者在他们的论述中多次提到了图书情报理论，他们认为信息管理是图书情报理论的一个推进。当中国的信息管理学派学者引入信息管理理论时，当时响应的主要力量是图书馆和信息产业，这与图书馆和信息科学领域的国家信息管理研究的起源有关。随着信息管理的不断发展，我国的图书情报和信息科学专业已逐步向信息管理专业演化，并且“信息”已从传统的“智能”边界得到了极大扩展。国内许多图书情报部门已经和信息管理部门融合成一个整体，这充分证明了它们已经成为信息管理领域中不可或缺的力量。另外，在宏观信息经济上的应用主要是通过有效的手段进行信息资源的合理配置，促进信息资源的开发、利用和增值，从而实现经济与社会的可持续发展。目前，在宏观信息经济方面，其主要应用是信息技术与创新、信息产业与信息市场、信息化与工业化、信息经济测度与信息经济规律研究等。这些应用领域对国民经济的发展起着重要作用和突出贡献，更有巨大的发展潜力。近年来，信息管理的应用领域在不断扩大。在研究初期，学者研究的领域主要集中在信息经济学、信息利用、信息系统和信息技术、系统理论、信息政策和策略、信息网络资源、信息技术、信息和经济社会关系，以及它们所对应的实际应用领域和用户信息管理。随着时代的变迁和科学技术的蓬勃发展，应用领域比以前要广泛得多。如今信息管理应用于企业资源管理、供应链管理、生物与医药信息、人工智能、区块链、大数据等领域，并不断扩张。信息管理的渗透力也在不断增强，与其他学科的广泛融合展现出了它强大的生命力和活力。

（5）我国的信息管理理论是在继承国外理论的基础上发展的，也在不断趋于成熟。在某种程度上，我国的信息管理学派的研究具有传统信息科学研究的特点。尽管大多数学者没有突破原有的传统框架，但他们还是结合国外的信息管理理论进行了相应的探索和实践。如今中国信息管理理论也在研究如何与国外接轨，这也是一个值得研究和发展的信息管理方向。同时，过去研究信息管理发展的过程极大地促进了整个学科的蓬勃发展。正是因为不同的派别从不同的角度和观念创建了不同的信息管理研究框架，信息管理理论研究才逐渐成熟和完善。但是，从目前的情况来看，研究信息管理已显示出走向整合的趋势。如今，信息管理学派的国际学术交流越来越多，这充分表明，在信息管理理论中，大部分研究方法已为人们所认可。此外，实用的信息管理活动已经变得越来越丰富，远远超出了其最初的领域，并在后来的一些新兴领域中发挥了不可或缺的重要作用。这些变化对研究对象和信息管理类别产生了一定的影响，相应的研究和探索将成为信息管理研究方向的又一新动力。

第六章

其他信息管理理论

▲

CHAPTER 6

信息管理学的其他学派体系是很庞大的，每个学派都有自身不同的特点，除了三大主流学派——记录管理学派、信息系统学派和信息管理学派以外，其他学派也有着较大的研究潜力和深厚的研究基础。本章将主要介绍这些学派的形成、发展和其主要代表理论，探讨其他信息资源管理理论在相关领域中的应用，把理论联系到实际中来。其他信息管理学派的不断发展体现了信息管理这个领域的生机和活力。

第一节　其他信息管理学派的形成与发展

信息管理学发展至今，根据研究框架的不同，还可以将信息管理学的相关研究归纳为以下五个学派，分别是信息用户学派、信息交流学派、商业管理研究学派、政策研究学派和信息生态学研究学派。

一、信息用户学派的形成与发展

信息用户学派也称为信息用户服务学派。该学派的学者研究信息的收集、传递、加工、存贮、控制与服务问题，信息用户的分类、分析和教育，用户信息需求的决定性因素、表现形式与满足方式，用户利用信息资源的行为与心理、用户潜在信息资源的开发等问题。

信息用户学派理论研究的特点在于主要以用户为研究基点，以“用户的信息需求与利用”为中心。已有一系列的相关研究成果反映了在信息管理理论发展的过程中信息用户学派进行理论研究的认识论。

信息用户学派的代表性人物是德国信息管理专家斯特洛特曼。斯特洛特曼既是信息管理学派的代表者，同时也是信息用户学派的拥护者。他认为信息服务是信息管理研究的出发点和最终目标；他从传统的图书情报服务入手，认为信息服务的有机组成部分是图书馆和情报服务。

而在信息服务的外部，供应者、顾客与信息服务系统进行着信息、资源、货币等方面的交流和交换，信息市场和信息环境依次构成了信息管理的中观背景和宏观背景，供应者和顾客均处于信息管理的运作环境（即市场）之中。

因此，斯特洛特曼指出：在内部，图书馆与情报服务必须改进信息资源管理，以提高生产率、提高服务质量和改进服务效果；在外部，图书馆与情报服务必须把握各类用户的信息需求，并设法满足用户的特殊需求，这两个方面均要求图书馆与情报服务在信息管理上做进一步改进。

此外，斯特洛特曼还认为信息过程与管理过程是可以相互转换的，进而提出了信息的经济转换过程。信息的经济转换过程是斯特洛特曼信息管理理论最精彩的部分，涉及信息扩散、信息载体的异质性等问题。斯特洛特曼巧妙地将信息资源的获取、组织、传递等信息过程与信息资源的规划、预算、控制等管理过程融为一体。

二、信息交流学派的形成与发展

在国外的信息管理理论研究中，信息交流学派理论的典型代表是苏联学者米哈依洛夫，其代表作《科学交流与情报学》集中地反映了基于“社会交流”的学术思想，从而建立起了信息交流、信息管理理论的认识论。信息交流学派的研究特点是认为社会得以存在和发展的前提是社会信息交流，一切社会活动均以其信息交流为先决条件。米哈依洛夫等人从信息交流现象入手，讨论了社会信息资源分布、分配、加工和利用的社会机制，揭示了信息流的社会规律，并力求能够寻找到信息工作的组织理论。

在国内，信息交流的管理活动理论由学者陈耀盛较早地提出。他认为信息管理科学的研究对象是作为客观领域的信息交流管理活动。他把图书馆活动、档案活动、科技信息活动、军事信息活动，以及目录活动、出版发行活动、经济信息活动等都归纳为信息交流管理活动。陈耀盛认为，信息交流活动是一个完整的、有其内在规律性的实践活动，信息管理学这门科学若要把握其本质，并用于指导信息交流管理活动实践，就必须对信息交流管理活动实践进行概括总结，从而揭示和描述信息交流管理活动领域的内在规律性及其整体多层次的矛盾、关系等。陈耀盛认为，信息管理研究的实质是要沿着信息交流活动的线索，研究这些活动整体及部分的指导实践领域的方法、内在规律性、内在活动机制。

此外，陈耀盛还总结出一些内在机制原理方法，这些原理与信息交流管理活动的五个业务环节相对应，分别是：信息生产继承了创造原理；信息资源建设与配置对应的是有效供给保障原理；信息资源整序开发对应的是序化重组原理；信息传递服务对应的是信息活化原理；信息吸收利用对应的是更新原理。

三、商业管理研究学派的形成与发展

商业管理研究学派起源于经管界，它将信息视为最重要的生产力要素，认为应从经济效益方面对信息资源进行管理。

1983 年，美国经济学家保罗 · 罗默曾提出，应把信息看作与劳动力和资金一样重要的生产要素。罗伯特 · 巴罗和英国经济学家莫里斯也认为，信息和知识与一般的有形资产不同，应特别重视其作用。德国信息管理学家斯特洛特曼认为，在信息管理中应引入价值链概念，并沿着价值链进行企业的信息资源管理。

国内杜栋等人编著的《企业信息资源管理》则是管理类专业从侧重于“管理信息系统”向重视“信息资源价值”转变的代表作。商业管理研究流派的研究重点是如何合理地配置资源，评估企业信息资源建设方案的经济成本、效益与风险，确定信息商品的价格。他们主要强调了企业信息资源建设对社会经济发展的重要影响。

四、政策研究学派的形成与发展

政策研究学派源于行政管理和法律领域。该学派致力于规范企业行为，保护知识产权，维护信息安全，如美国研究、制定的包括《信息科学技术法》《美国技术领先法》《信息技术管理改革法》等在内的相关信息法律。

我国的信息法律研究起步较晚，近年来也加紧了相关规章制度方面的研究，其中包括企业信息资源管理标准与流程、企业信息资源管理人员的激励与约束制度、信息监督与防伪的制度等内容。我国已实施或正在编制的企业信息管理规章制度主要有《企业信息管理员管理规定》《企业信息安全管理规定》《企业信息资源编码标准》等。

五、信息生态学研究学派的形成与发展

信息生态学研究学派是近年出现的新学派，其以人的需求为中心来管理企业的信息环境。

1997年，美国管理科学家托马斯·H.达文波特将生态理念引入信息管理中，提出许多有建设性意义的观点。

国内学者也意识到这一新动态。蒋录全认为组成企业信息生态学模型的6个重要因素是策略、政治、文化行为、职员、过程及结构，保持信息生态平衡的方法是对信息管理的6个因素进行综合考虑，其企业信息生态学模型如图6–1所示。随后于晓雷探讨了企业信息生态圈与3ESP模式。李佳洋等学者撰文分析了目前企业信息环境中存在的问题，提出建立企业信息生态系统，并形成“以人为本”的信息管理思想，达到信息环境生态平衡的观点。吉林大学的靖继鹏教授近年来也特别重视信息生态方面的研究。信息生态学利用生态学及生态平衡的原理，考察信息管理中人与信息技术、环境之间的交互性，开创一种新视角。

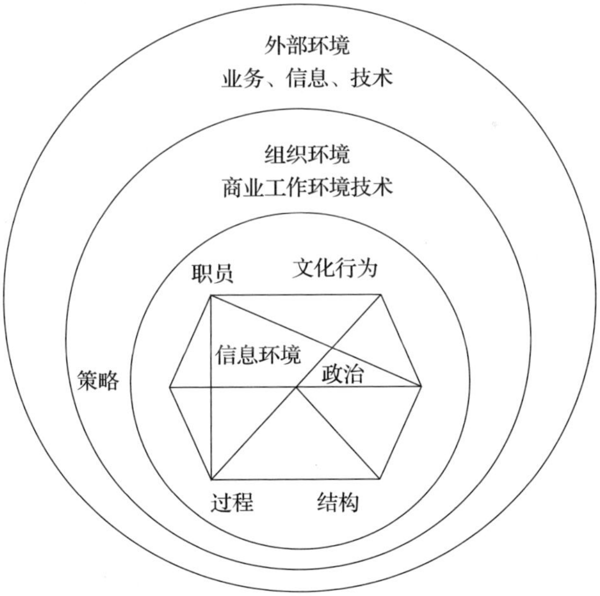

图6–1　企业信息生态学模型

第二节 其他学派主要代表理论

除了以上理论学派外，信息管理在发展过程中还形成了一系列理论，如信息生命周期理论、信息传播交流理论、用户信息行为理论、信息经济理论及信息生态理论等。

一、信息生命周期理论

（一）信息生命周期理论的演进

信息生命周期（Information Life Cycle）是指信息运动的自然规律，它一般由信息需求的确定及信息资源的收集、传递、处理、存储、传播和利用等阶段组成。信息生命周期理论认为信息活动是具有整体性、阶段性和关联性的社会现象，具备典型的生命周期特征，这是信息生命周期理论的内在基础。自 20 世纪 80 年代初以来，随着 IT 技术的广泛应用，作为数字载体的信息资源数量迅速膨胀，信息运动的速度明显加快。与此同时，IT 投资的不确定、技术变迁的快速性及信息资源本身的脆弱性促使研究者加强信息资源的全局全程管理，学界正式提出了“信息生命周期模型”和“信息生命周期”的概念。

1981 年，Levitan 首次指出信息或信息资源是一种具有生命周期特征的“特殊商品”，具体包括信息的生产、组织、维护、增长和分配等。1982 年，Taylor 提出了包含数据、信息、告知的知识、生产性知识和实际行动 5 个阶段的信息生命周期过程。1985 年，著名信息资源管理专家霍顿在《信息资源管理》一书中指出，信息是有生命的，信息资源是一种具有生命周期的资源。

然而，生命周期真正进入主流视野始于 ISO/TC 171 文件管理应用技术委员会于 2000 年 10 月 12 日召开的伦敦年会，会议通过的 405 号决议建议将 ISO/TC 46“信息与文献技术委员会”的一个分委员会改为“信息生命周期管理”技术委员会。该决议称“信息无论是以物理形式还是数字形式管理，其信息生命周期均包括信息的生成、获取、标引、存储、检索、分发、呈现、迁移、交换、保护与最后处置或废弃”。此后，Stephen、Gupta、McGinn 和霍顿相继提出了信息生命周期的组织视图、业务视图、价值成本过程等，并应用于图书馆和政府信息资源管理，标志着“信息生命周期理论”的形成。

（二）信息生命周期理论的主要内容

根据信息生命周期理论，组织的信息管理可以大致分为五个方面，即信息需求确定、信息收集与加工、信息储存与检索、信息传递与反馈、信息利用与服务。首先，组织需要确定自身的信息需求，从而通过已有或新建立的渠道收集组织所需要的数据；其次，将以上数据按规定进行处理，然后再将处理过的信息按照科学方式储存起来，以便用户进行检索；最后，组织还需要根据用户的需求，将合适的信息传递给用户，并及时获取相应的反馈信息，这是组织在进行信息管理中的信息利用与服务过程。所有这些服务的实现取决于组织最初对用户需求的全面分析。可见，信息管理的关键在于组织对信息生命周期的认识和理解。

（三）信息生命周期理论的应用

信息生命周期理论在信息资源管理实践中的应用十分广泛，下文将介绍其在企业、政府和图书馆三个领域的应用方式与范畴。

从企业应用方面看，当前企业所需、所得的各项信息都呈几何级数增长，且分散存在于企业的IT、市场、用户等多种系统和终端中，这也意味着信息的有效保存和快速检索将会有效助力企业战略决策的指定和更迭；同时，现实的竞争趋势更要求企业管理者掌握、利用各种形式的结构化和非结构化数据，以及依赖海量的信息做出决策的能力。科尔曼·帕克斯研究公司的相关研究表明，77%的受访企业表示，信息爆炸使本已非常复杂的世界变得更为复杂多变，导致了严重的信息存储及成本问题；62%的受访企业表示，其正承受着信息管理的巨大压力，急需降低与信息相关的流程与系统成本。信息管理的问题很严重，但是大多数企业缺乏相适应的、有效的、全面的信息资源管理方法，也没有设置专门负责信息管理的主管CIO，信息管理能力明显落后。

在此种决策需求和现实考虑共同作用下，新业态催生了一批专业信息咨询公司，为有需求的企业进行第三方信息咨询处理分析服务。这种服务可以有效降低部分企业面对繁杂的信息数据流量时所需消耗的时间与经济成本。比如，惠普公司开发信息管理相关软件所形成的集成归档平台、数据库归档软件、数据保护软件等，可以服务于医疗、航空、教育、零售等多个行业。再如，EMC公司可以针对电信、金融、制造、电力、能源、政府等行业提供相应的信息生命周期管理解决方案。

在政府信息管理中，信息生命周期理论也得到了广泛的应用。美国政府在政府信息资源管理中采用生命周期方法，对政府信息资源的收集、处理、转换和应用全过程进行了规划、组织、领导和控制，并且开发了具体的系统和工具，即政府信息定位系统，用来保证高效地管理政府信息资源。加拿大的国家档案馆、美国的图书馆和情报科学全国委员会都在政府信息资源管理理论中提出了“政府信息生命周期”的概念。

图书馆数字馆藏信息管理是信息生命周期理论近年来所开展的应用新疆界。信息生命周期管理应用于数字馆藏的目的在于：建立一个更具有价值的信息系统，能够满足随时访问、方便共享、数据保护、数据管理及按需恢复数据五种需求。信息从创建和使用到归档和处理的管理，需要专用存储平台、管理软件和信息管理软件三个层次组成综合化管理系统共同完成，旨在保证信息传播的连续性。数字图书馆的数字资源特点是数据量大，利用信息生命周期管理理论，可根据信息价值和信息生命周期的不同，将信息资源分别存储在不同级别的存储介质上，使生命周期长或信息价值高的信息资源能够被更快、更方便地提供给用户使用；而对于用户使用少的信息，则可以归档或淘汰，为新信息提供空间，以确保信息的储存成本和利用成本的降低。

二、信息传播交流理论

信息的管理与传播交流有着千丝万缕的关系，传播学对信息交流的研究在某种程度上对信息管理起着很大的促进与推动作用。在各种交流形式、媒体出现的同时，也有许多专家学者们对传播交流模式与理论进行了探讨，出现了一系列的传播交流模式和理论。

（一）经典信息传播模式

模式指能够从理论上直观而简洁地阐述现实事物的结构、关系和功能等。学者已经提出过许多经典的信息传播模式。这些模式主要分为三类：一是基于传播者的直线模式，如拉斯韦尔的模式和香农—韦弗的信息论模式；二是兼顾传播者和受众的循环模式，如施拉姆模式和德弗勒的互动过程模式；三是立足全局的系统模式，如赖利夫妇的系统模式和马莱兹克的系统模式。

1. 拉斯韦尔的模式

美国政治学家拉斯韦尔（H. Lasswell）从大众传播的角度对大众信息交流进行了深入研究，提出了信息交流学上著名的“5W”模式，奠定了以传播者、媒介、内容、受众及效果五个方面为主干的传播学理论框架，在大众信息交流中有着广泛的理论与实践意义。

图 6–2 展现了拉斯韦尔的“5W”模式，该模式提出了大众信息交流过程的五个要素，即谁（传播者）、说什么（传播内容）、通过什么渠道（传播媒介）、给谁（传播对象）、取得什么效果（传播效果），揭示了信息传播的普遍规律。

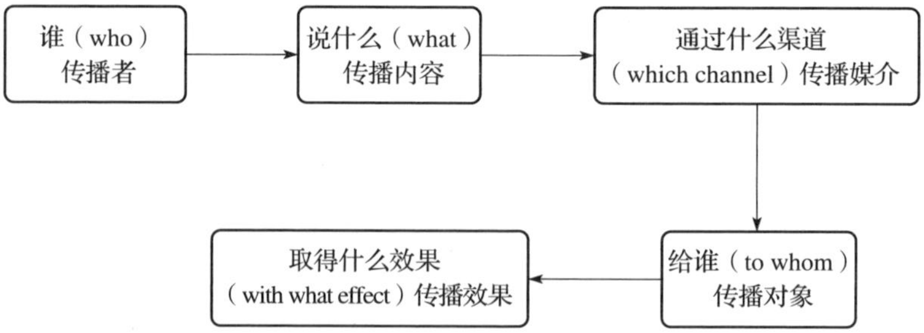

图 6–2　拉斯韦尔的 5W 模式

在拉斯韦尔之后，布雷多克（R. Bradlock）认为除了“5W”之外，还应该考虑其他的问题，包括什么情况下进行传播，为了什么目的进行传播等。因此，布雷多克提出了“7W”模式，对拉斯韦尔模式进行了补充。

2. 香农—韦弗的信息论模式

1949 年，香农和韦弗合著的《传播的数学原理》从信息论的角度提出了信息交流的数学模式。图 6–3 展示了香农—韦弗的信息论模式，该模式提出信息传播涉及的六个要素：信源、发射器、信道、接收器、信宿和噪声。该信息论模式描述了信息交流的最一般过程，对任何环境下的信息交流都具有普遍意义，它主要描述了单向传播的信息在传播者和受播者之间的转换过程，描绘了从信源到信宿之间的变化，但这种模式忽略了非正式交流中的“反馈”这一重要环节。

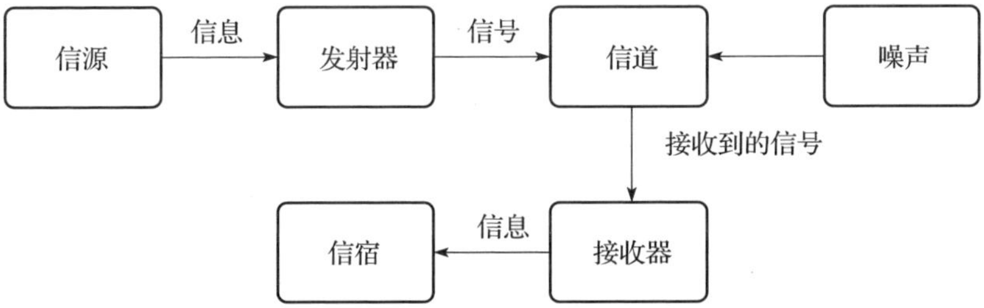

图 6–3　香农—韦弗的信息论模式

1954 年，威尔伯·施拉姆（Wilbur Schramm）对香农—韦弗的信息论模式加以改进，他认为传播者与接收者在信息交流过程中一直是互相影响的，以此提出了基于传播学的信息交流互动模式。威尔伯·施拉姆的这一认识更符合信息交流过程中的实际状态，受到学术界的广泛重视。

3. 德弗勒的互动过程模式

在香农—韦弗的信息论模式的基础上，德弗勒提出了一个互动过程模式，如图 6–4 所示。该模式的主要特点体现在三个方面：第一，整个信息传播过程有双向互动性；第二，勾勒出反馈的环路，在模式中融入了反馈机制；第三，拓展了噪声的概念，认为噪声对信息、传播和反馈的整个过程都有影响。

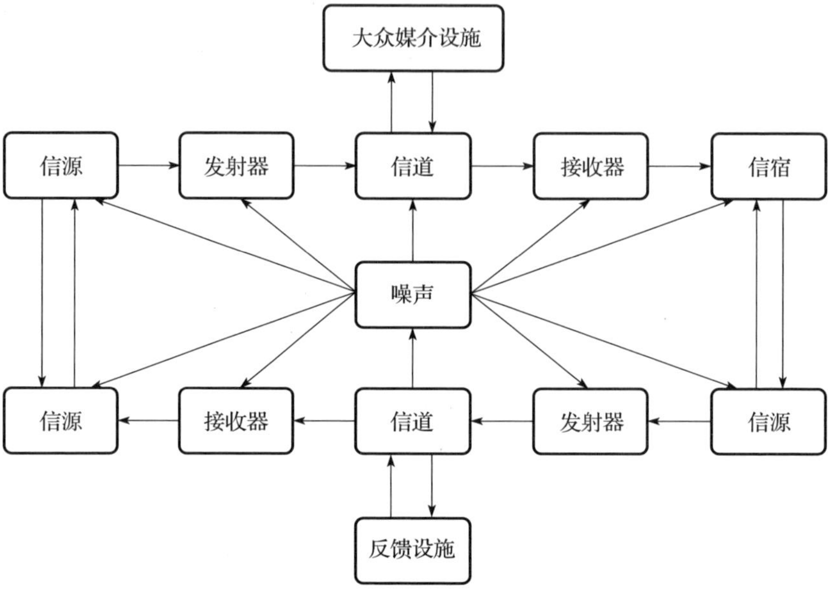

图 6-4 德弗勒的互动过程模式

值得一提的是，该模式把信息传播过程看作一个封闭的、循环的系统，却忽略了系统之外的其他影响因素。

4. 马莱兹克的系统模式

1963 年，德国学者马莱兹克在编写的《大众传播心理学》一书中提出了关于大众传播过程的系统模式，其传播过程由传播者、信息、媒介、接收者和反馈五个环节构成，如图 6-5 所示。

该模式从社会心理学视角研究信息传播过程，认为信息传播过程是在社会因素和心理因素的影响下完成的，是一个复杂的社会互动过程。这个过程不仅仅是有形的社会作用力之间的互动，也是一些无形的社会心理因素之间的相互作用。该模式阐释了“传播者—媒介—接收者”这样一种基本模式，其中涉及三种关系：传播者与信息的关系，传播者与自身的关系，以及传播者与接收者的关系。

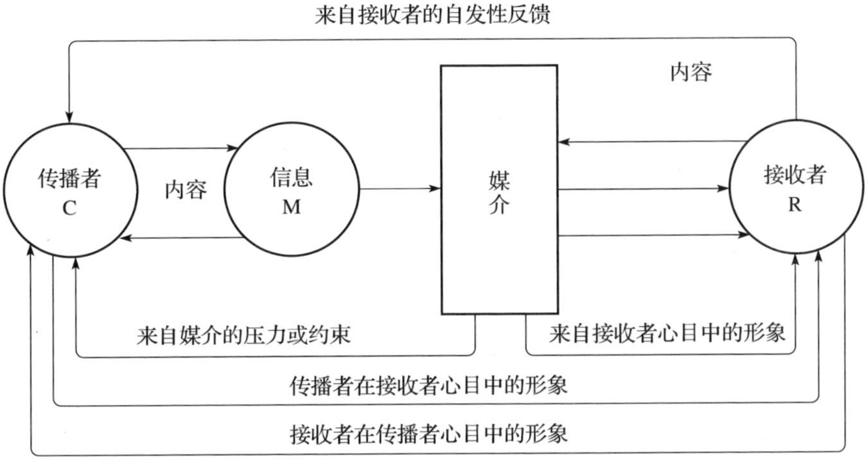

图 6-5 马莱兹克的系统模式

（二）其他信息传播模式

在拉斯韦尔的模式、香农—韦弗的信息论模式、德弗勒的互动过程模式和马莱兹克的系统模式之后，还有学者在此基础上又提出了新的传播模式，其中具有代表性的有两级传播模式、议程设置模式、使用与满足模式、多级传播模式和怀特守门人模式。

1. 两级传播模式

两级传播模式由美国著名社会学家拉扎斯菲尔德提出，他在两级传播模式中提出了意见领袖这一概念，认为信息从媒体传向“意见领袖”，同时由意见领袖传播到并不怎么活跃的受众。也就是说，信息的传递是按照“媒介—意见领袖—受众”这两级传播的模式进行的。

2. 议程设置模式

美国传播学家麦库姆斯和唐纳德于 1972 年提出了议程设置理论，强调了大众传播媒介通过提供信息和安排相关议题左右人们的关注，而不是决定人们对某一事件的具体看法，即大众传播媒介的主要作用是影响受众关注点，并不能影响人们的想法。议程设置用政治学观点指出了大众传播媒介影响社会的一种重要方式，传播媒介机构起到了环境再构成作用。

3. 使用与满足模式

使用与满足理论研究始于1959年，由卡茨在《大众传播调查和通俗文化研究》中首次提到。1974年卡茨等在《个人对大众传播的使用》中总结使用与满足理论。使用与满足理论是研究大众媒介的效果与使用的理论，指出了媒介和受众的关系。传统的大众传播理论侧重于媒体在传播过程中的作用是说服受众，媒体是主动的传播，而受众是被动地接受，而使用与满足理论则将受众设想为主动，受众主动选择对媒介的使用，为了使自身的需求得到满足。

4. 多级传播模式

美国传播学家罗杰斯对“两级传播”理论进一步拓展，将“传播流”分为信息流和影响流。他认为信息的传播是一级传播，而影响的传播则是多级传播，因此称其为多级传播模式，也叫N级传播模式。

5. 怀特守门人模式

美国学者怀特于1950年在《守门人：新闻选择的事例研究》一文中提出了守门人模式。这里的守门人是指在可以决定何种信息以什么样的形式、多少数量在大众传媒中传播的人或机构。守门人具有三重角色，分别是接收者、守门者和传播者，角色随着环境变化。守门人比一般的传播者和接收者更有特点，具有隐形性、依附性、追加性、完善性的特点。在大众传播中，守门人的作用和功能主要表现为检查功能、加工功能、评价功能、导向功能、桥梁功能。

（三）信息传播交流理论的应用

在社会生活中，信息的传播介质多种多样，但它们往往都汇聚于区域的信息节点中，人们倾向于在节点中搜寻分享各类信息——

高校图书馆就是这类节点中的重要一类。因此，在高校采访工作中，信息交流理论的应用贯穿于整个过程。

图书馆作为信息节点的重要功能，从其本质上看就是将信息收集、整合、分析并加以分类以便信息可以被扩散到社会中去。简单来说，图书馆需要将社会信息体系与需求信息的社会大众连接起来，保证信息收集、分析、分享、再收集这一循环的可持续性，告诉读者什么地方有什么，怎样联系和使用，并帮助读者与对方进行有效的交流。这个机能的一种较好的形式是参考咨询工作，实际上是把读者与馆内资源建立的联系和读者与馆外资源建立的联系结合起来，形成一个逻辑整体。这个机能要充分发挥作用，还应对读者透明，即读者不用操心社会信息系统及各部分的层次、结构、语言、方法等，也不用操心建立联系和进行传递的有关组织管理过程，读者与馆外资源的联系应和读者与馆内资源的联系贯穿和结合起来。这就是说，对读者来说，图书馆就代表了整个信息系统，通过图书馆，在一个地方用一种方式和语言就能获得所需信息，而不论这条信息来自整个系统内的何处。

按照信息交流理论，信息服务的目的就是在读者需要的时候准确迅速地在读者与所需信息间建立交流渠道，并通过这个渠道准确迅速地传递所需信息。这就要求图书馆为读者建立健全的交流渠道，保证语言相通、失真最小，并能提供选择和反馈，动态地调节渠道及其语言，使读者能在图书馆内和整个系统内“来去自如”。

三、用户信息行为理论

（一）用户信息行为理论的演进

信息行为是用户响应和满足自身信息需求的行动和历程，信息行为研究可以追溯到20世纪50年代。根据1981年威尔逊（T. D.

Wilson）阐述的广义信息行为模式，传统的信息行为研究的内容主要包含信息需求的本质、信息行为和信息行为的影响因素三个部分。

对于用户信息行为的定义，国内主要有以下几种观点：信息行为是在动机支配下，用户为了达到某一个特定目标的行动过程；信息行为是用户所进行的有意识的查询、选择、收集和利用信息的活动，是主客体之间、主观因素与客观因素交互作用的复杂过程；信息行为主要指人类运用自己的智慧，以信息为劳动对象展开的各种信息活动，即人类的信息查询、采集、处理、生产、使用、传播等一系列过程。

信息行为模型主要用于解释用户在何种状态下感到需要信息、如何评估信息、满足信息的信息寻求过程。学者在借鉴哲学、心理学、社会学等学科的理论和方法的基础上，提出了多种信息寻求理论、概念、框架结构及模型，主要有德尔文的意义构建理论、埃利斯的信息寻求行为模型、库尔斯奥的信息寻求过程模型、威尔逊的信息寻求行为模型等。

（二）用户信息行为理论的主要内容

1. 德尔文的意义构建理论

德尔文的意义构建理论最初由状态、差距和使用（帮助）三个要素构成，它们之间的具体关系如图 6–6 所示。

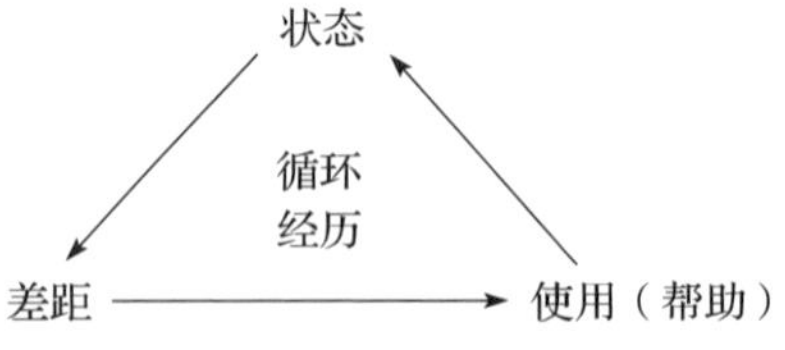

图 6–6 德尔文的意义构建理论的三要素模型

“状态”被限定在特定的时间和空间中，反映了问题提出的背景。“差距”通常被理解为“信息需求”或“问题”，是个体认识上的一个缺口，是由于信息的不连续性所导致的个体认识上与获取信息不对称所产生的理解差距。“使用（帮助）”也可以称作“结果”，是指对于个体的意义，是个人针对具体情境和问题做出的反应，即通过对信息的使用让问题得到解决后获得的结果。这种由状态—差距—使用（帮助）组成的三角形顺次构成的一个过程被德尔文称为“意义构建”。

之后，德尔文在三要素模型中又增加了新的组成要素“桥梁”，该模型进一步演变为四个要素，如图 6–7 所示。其中，“桥梁”作为一种手段起到了弥合“状态”与“结果”之间的“差距”作用，充分反映出信息寻求的作用。由初始状态到获得结果经历了一个意义构建（Sense-making）的过程，这一过程可以重复进行。

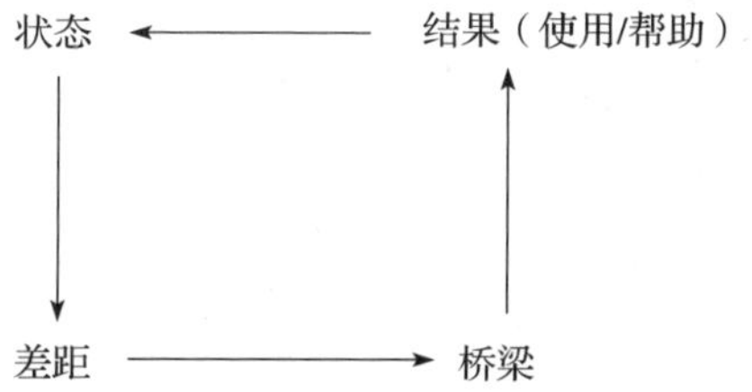

图 6–7 德尔文的意义构建理论的四要素模型

意义构建理论指出，人类在社会活动中接收和获取新事物、新信息的过程，都是建立在原有经验基础之上的；只有通过对原有行为的反复推敲、对比、融合，才能解决矛盾，取得新的进步。当前进的过程中遇到阻碍时，我们可以假设其中存在信息的不连续性，由于缺少对特定情境的了解，没有可以参考的原有经验，要想解决在此过程中出现的问题，就必须要构建一套新的认知体系才能继续前行。

依照意义构建理论，当人类在前进的过程中产生差距时，解决问题的过程便可划分为以下三个步骤：当状态发生改变时，既有经验与之不匹配，此时产生差距；对两者进行推敲、对比、融合，找出解决差距的桥梁，即提出有针对性的策略；解决问题，生成结果（使用 / 帮助），转化为既有经验。

2. 埃利斯的信息寻求行为模型

1987 年，埃利斯在对各类社会科学家个体信息搜寻模式的特点进行比较分析的基础上，首次提出了信息寻求行为模型。该模型中共归纳出信息搜寻活动的八个特征。与其他信息寻求行为模型不同，埃利斯使用了“特征”来代替信息搜寻活动的各个阶段。这些特征的命名如下：开始（Starting）、链接（Chaining）、浏览（Browsing）、区分（Differentiating）、监测（Monitoring）、采集（Extracting）、证实（Verifying）、结束（Ending）。

其中，“开始”是在寻求信息时最初所具有的“特征”。“链接”是指通过已知资料的脚注、参考文献或引文索引，对相关的“条目”进行“前向”搜索。“浏览”即对一个感兴趣的领域进行“半直接、半结构化的查询”。“区分”指利用已知信息资源的区别，对信息源进行筛选和过滤。既可针对不同类型的信息源，也可针对同一信息源的不同类型信息来进行。“监测”指通过检测特定的信息源和数据，保持最新信息的获得和最新意识的查找。“采集”指在特定的信息源中有选择地识别出相关资料。“证实”即检查所获得的信息的精确性。“结束”指通过最终的查找，进行最后的加工。埃利斯的信息寻求行为模型如图 6–8 所示。

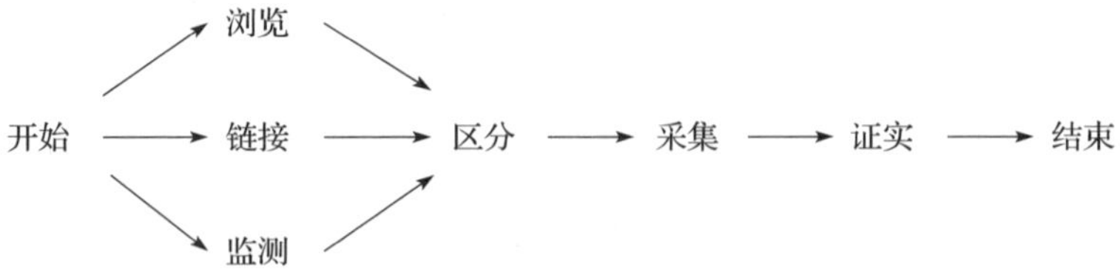

图 6–8　埃利斯的信息寻求行为模型

由图 6–8 可知，从“开始”到“结束”就是一个典型的信息寻求的过程。“证实”是该过程的倒数第二个阶段；“采集”显然也是在特定的查找行为之后，但与“浏览”“链接”“监测”这些同种类的信息行为不同，也与“区分”行为不同。“浏览”“链接”“监测”是信息寻找行为，“区分”是信息过滤行为，而“采集”被看作是对信息资源采取的行动。值得注意的是，从“开始”到“采集”的六个特征在信息寻求活动中，并没有必然的特定顺序，没有要求哪一个特征一定要发生在另一个特征之前或之后，也并不是八个特征缺一不可，如何发生还要取决于用户的信息需求模式在那一时点所处的特定状况。埃利斯的信息寻求行为模型既包含了信息查寻行为微观分析（即开始、链接、采集、证实和结束），同时也涉及了有关信息行为的宏观分析（即浏览、监测和区分），表明该模型中涵盖了信息查询整个过程中的各个功能。

3. 库尔斯奥的信息寻求过程模型

库尔斯奥关于信息行为的研究，构筑在凯利的个人建构理论基础上。个人建构理论描述了个体在获得信息后引起“智识”的增加，并同时经历情感上的连续变化。库尔斯奥模型的基本假设是：同信息需求紧密联系在一起的“不确定性情感”引发了用户的疑惑和气馁；但随着查找的进行和相关资料的获得，用户情感随之发生变化，用户信心增强，原来的不确定性情感得到减轻，开始感到满意，有了方向感。

库尔斯奥的信息寻求过程模型的各阶段包括开始（Initiation）、选择（Selection）、探查（Exploration）、形成（Formulation）、收集（Collection）、结束（Closure）六个阶段。第一阶段是任务初始化阶段，该阶段需要用户在先前经验的基础上，对指定的任务进行理解，并归属到一个可能的主题。此时情感处于因不确定性引起的担忧上。第二阶段是用户对主题所进行的选择，即主题的确定。此时的情感是迷茫中带有些许兴奋的。第三阶段，随着对主题有了概括的了解及对要点的初步掌握，用户可能开始有了新的疑问，甚至是恐惧。此时还不能精确地表达信息需求。第四阶段，即形成阶段，由于从信息中明确了主题的要点，甚至产生了更深刻的联想，用户的情绪变得乐观，对任务的完成充满信心。第五阶段，通过对信息的进一步寻求、确定及扩充，用户开始了对相关信息的组织活动。此时完成任务的信心及能力增强，兴趣开始增加。第六阶段是查找过程的最后一个阶段，即信息查询处于收尾阶段。此时用户对主题可以进行个人化的综合性思考，情感开始处于放松状态，充满满足感。

库尔斯奥通过大量的实证研究证明了信息寻求过程模型，并总结了信息查询过程中得到的主要结论：一是用户信息寻求是非确定性的过程。随着时间的推移，用户信息需求是会发生改变的，而绝非人们以前认为的一成不变。二是信息寻求包括意义构建的整体阶段。信息寻求过程模型中共包括六个阶段，且每个阶段都不是孤立于其他阶段而独立存在的，只有通过每个阶段之间的相互配合，才能最终完成了信息寻求的整个过程。三是用户起初进行信息寻求时，对非确定性的感知不仅不会衰减，反而兴趣大增。在信息搜寻的初级阶段，由于用户自身的原因，对信息的感知较少，需求度也较高，故而往往会出现对不确定性感知增强的情况。

4. 威尔逊的信息寻求行为模型

英国著名学者威尔逊教授是信息行为领域的重要奠基人之一，他早在 1981 年就提出了一套系统的信息寻求行为模型。该模型建立在两个基本主张上：一是信息需求并非最原始的需求，而是源于更为基础性的需求，即心理、认同和情感三方面的需求；二是在寻求可以满足需要的信息过程中，需求者可能会遇到来自同样背景之下的不同障碍。

图 6–9 的右侧内容与埃利斯的信息寻求行为模型的各个阶段相对应。该模型结合马斯洛需求层次理论，主要解决了人在环境中是如何通过需求，跨越障碍来进行信息寻求行为的。在信息寻求行为产生的过程中，人的需求充当这一过程的主体，刺激人的信息寻求行为的产生与延续，最终完成信息需求行为，并得到需求的满足。

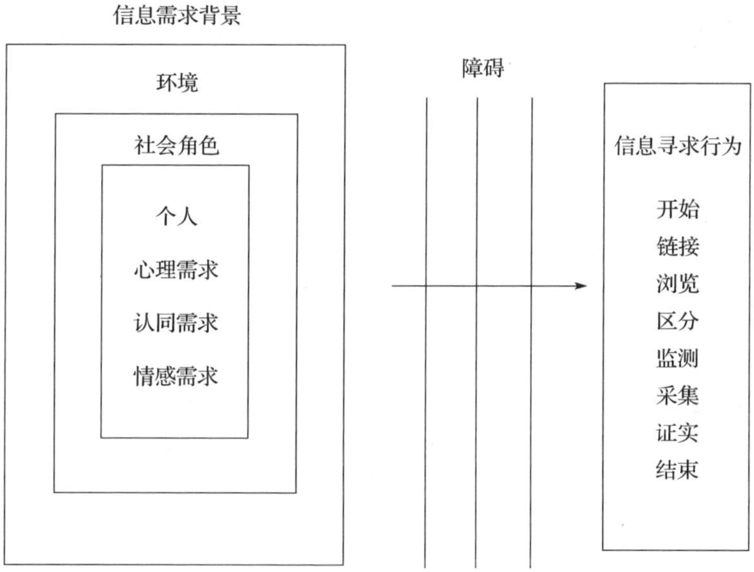

图 6–9　威尔逊信息寻求行为模型（1981）

随着人类信息活动的不断增加，信息寻求行为模型已经无法更好地描述人类信息行为。此后，威尔逊对自己提出的信息行为模型进行了修订，如图 6–10 所示。修订后的模型认为信息寻求行为是用户信息需求的结果，即用户为了实现对所需信息的获取，必须对正式和非正式信息资源进行检索。成功的检索意味着用户找到了满足其需要的全部或部分信息，失败则意味着未找到所需信息或不满意于所找到的信息，因此要重复查找的过程。信息行为模型相较于寻求行为模型，增添了信息交流、信息利用和信息传递三个环节，模型更加确切地反映了信息行为的内容构成要素。

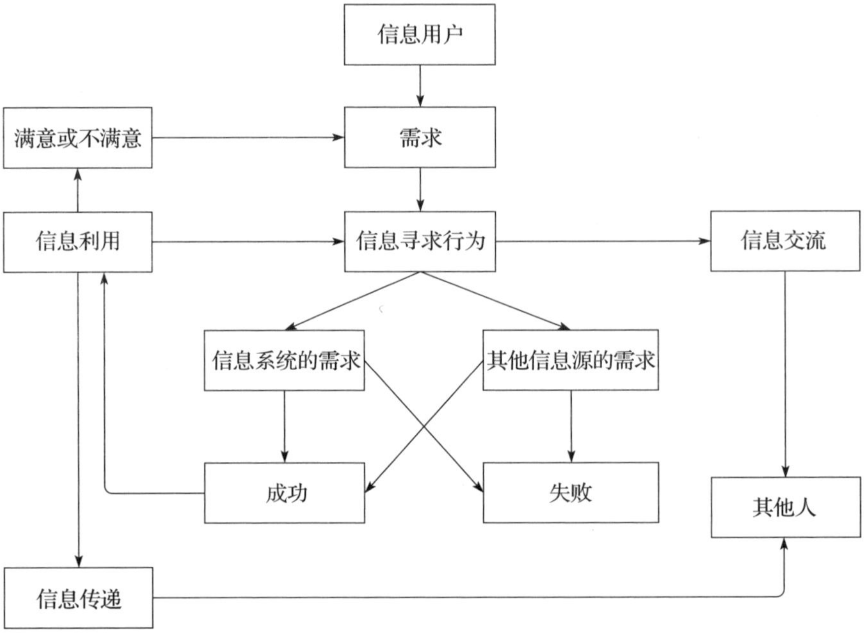

图 6-10 威尔逊信息行为模型（1981）

在此基础上，1996 年威尔逊将 1981 年的两个模型综合起来，提出了整体的信息行为模型，如图 6-11 所示。该模型已经不再局限于情报科学的研究领域，而是把信息行为置于交叉学科背景下进行研究，其研究内容已经涉及决策、心理学、创新、健康交流问题及消费者行为领域。1996 年的信息行为模型中，信息需求仍是一个中心问题，主要扩充延伸了从需求到查找行为的中间过程，体现在这一过程中的环境、心理等各个因素对需求及查找行为的影响。

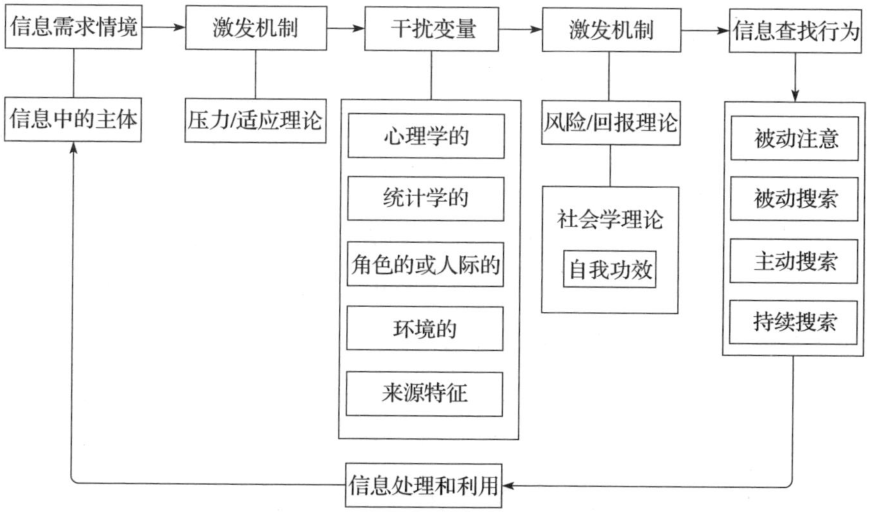

图 6–11 威尔逊信息行为模型（1996）

以上简要论述了一些具有代表性的用户信息行为理论模型，德尔文的意义构建理论已使信息行为研究进入了认知领域，被作为“元理论”来看待。埃利斯与库尔斯奥的理论都建立在“经验研究”的基础上，具有较强的实用性。由于集中在信息寻求的具体过程，涉及具体检索步骤和检索方法，经验研究的色彩比较浓厚。威尔逊的模型从一开始就关注了信息寻求行为产生的根源即信息需求，并对信息需求的影响因素进行了分类，侧重于信息寻求过程中的影响因素。后来他又引入了激励机制，并对信息需求与信息寻求行为的干扰变量进行了多学科的分析和探讨，威尔逊模型的特色在于其交叉学科的研究方法。

（三）用户信息行为理论的应用

信息资源管理研究的根本目的在于应用这些信息，而信息的最终作用对象还是社会个体，因此对用户信息行为的研究分析是重中之重。用户的信息行为因其信息需求而产生，同时也促进了用户对信息的需求向深度与广度发展。现阶段用户信息行为的研究集中于图书情报领域，主要包括对读者借阅行为和信息检索行为的分析。

1. 图书情报

用户信息行为分析的第一步是对大量数据的收集与初步整理。图书馆管理系统在运行中会产生大量的日志数据、历史数据，而这些数据的来源则是用户自愿产生的行为，是用户真实、客观的反映。所谓用户行为分析，当然要基于用户客观、真实的行为，当我们以有效、真实的数据为基础进行分析时，自然可以得出相对有效的结论。现在图书馆越来越趋于图书管理系统的集成，为研究人员提供有力的数据支撑，减少收集大量数据的时间，辅助其他研究为图书馆管理者提供决策参考支持，极大地提高了图书馆管理的效率。

2. 数字研究

随着时代的变迁，过去以实体图书为主流的图书馆数据流量也在逐步变革，数字资源成为当前主流图书馆的重要数据流量，特别是在高校图书馆中，人们对科研需求的图书信息需求使电子信息流成为高校图书馆的主流信息流量。蒲薇哥在2016年发表了《基于用户信息行为影响因素关系模型的高校图书馆数字资源服务能力提升机制的构建》，提出了高校图书馆数字资源用户信息行为的四大影响，包括用户信息需求、数字资源特征、图书馆数字资源服务和信息环境影响因素。可见，数字资源建设具有重要意义，再也不是之前“为书找人”的模式，新型的建设更应是“为人找书”，使数据库的使用更符合人性化要求。在“互联网+”时代下，数字研究与图书馆建设相结合，可以为图书馆研究者创建更有意义的知识，也为数字资源研究提供更为创新的服务。

四、信息经济理论

信息在市场经济中是一种特殊商品，发挥着不可替代的导向和调控作用。把信息当作商品来看待，研究信息活动中的经济现象和经济活动中的信息价值，从而形成了信息经济理论。

（一）信息经济理论的演进

费希尔教授于1935年在《安全与进步的冲突》一书中首次提出“第三产业”的概念，1957年英国经济学家克拉克在其著作《经济进步的条件》里对“三个产业”理论进行了系统、全面的论证。之后，许多经济学家致力于研究与信息状态转换有关的经济活动规模。马克卢普首次对美国的知识生产与分配进行了宏观测算。他认为要描述一个国家或地区的信息经济发展情况，必须有相应的宏观数量分析，以宏观数量指标代替抽象论证进行测算和研究，这样才能科学地把握信息经济的发展动态。1962年，马克卢普发表了研究信息经济的奠基之作《美国的知识生产和分配》，首次对知识产业（即信息产业）进行了全面系统的分析。知识产业被定义为“一类或者为自己所用，或者为他人所用的，从事信息服务或生产信息产品的机构”。他分析阐述了美国信息生产的机制和信息产品的重要性，建立了一套信息生产值核算体系，并利用美国1958年的统计资料详细计算了教育、研究开发、通信媒介、信息机械和信息服务五个部门的产值，得出了知识产业的产值约占国民生产总值的29%的结论。这一惊人的成果在经济学界产生了很大的震动。“知识产业论”为信息经济学奠定了理论基础。

在这以后，美国社会学家马克·波拉特在信息经济宏观结构的分析方面取得了决定性进展，把信息经济学的研究推向了新的高度。1977 年，他出版了九卷本的不朽之作《信息经济学》，不仅建立了一套有效的信息经济的分析方法，而且提出了一种新的宏观经济结构理论。他首次提出了“四次产业划分法”，将整个国民经济划分为农业、工业、服务业和信息业四大部门，同时考虑到有些从事信息活动的部门可以以独立的产业存在，而有些是附属于其他产业的，又进一步将信息业部门划分为一级信息部门和二级信息部门。这样马克·波拉特就发展完善了克拉克的产业三分法。这套信息经济核算体系不仅在美国受到重视，也为一些国际组织如经济合作与发展组织、联合国和许多其他国家所采纳和运用，极大地推动了世界各国对信息经济的研究和信息经济学的发展。

在这一基础上，近年来不少经济学家开始把经济学的基本理论运用于对信息产业和信息产品的分析中，不断深化对信息部门经济规律的认识。例如，美国著名经济学家卡尔·夏皮罗和哈尔·瓦里安在《信息规则》一书中，对信息产品的成本和价格的形成规则进行了深入的探讨。又如，布鲁斯·金马格的《信息经济学》一书也专门探讨了信息产品的定价、市场运行和管理问题。此外，对信息经济的探讨还出现在与知识经济、网络经济、数字经济和新经济等名词不同但内容大体相近的领域，它们从不同角度丰富和完善了对信息经济的研究。

（二）中国信息经济理论的主要内容

中国信息经济理论研究始于 20 世纪 80 年代初期，信息经济理论学者从宏观和微观两个范畴对信息经济展开了研究，并取得了突出的成果。信息经济理论正在国民经济各个部门发挥着极为重要的作用。

宏观信息经济学领域的著作主要有乌家培的《经济信息与信息

经济》(1991年)、金建的《信息产业经济学论纲》(1993年)、马费成的《信息经济学》(1997年)、于清文的《中国信息市场》(1999年)、谢康的《世界信息经济与国家知识优势》(2001年)、陶长琪的《信息经济学》(2009年)等。这些著作分别从信息商品市场、国民经济信息化、信息产业、中国信息市场及世界信息市场等领域对信息经济学中存在的经济现象做了相关的论述，但同时也涉及部分信息不对称、委托—代理理论、逆向选择和道德风险等相关内容。

微观信息经济学领域的国内著作主要有谢康的《微观信息经济学》(1995年)、张维迎的《博弈论与信息经济学》(1996年)、孟广均的《信息资源管理导论》(1998年)、张守一的《微观知识经济与管理》(2003年)等。这些著作分别从信息资源配置、风险与不确定性、博弈策略等方面对信息经济理论进行了阐述。其核心是对委托—代理人、逆向选择、道德风险及消费者的行为选择等微观经济问题做了论述，并从个别市场的角度对信息经济学中的信息商品市场、信息资源管理等内容加以探讨。其中，谢康的《微观信息经济学》是国内率先对微观信息经济学的基础理论做出详细论述的著作，对我国信息经济学的发展与研究具有重大的意义。

横贯宏观和微观领域的信息经济学代表著作有谢康的《信息经济学原理》(1998年)、陈禹的《信息经济学教程》(1998年)，这两本著作比较全面地囊括了信息经济学的各个部分，既包括宏观的信息产业理论、国民经济信息化等问题，也包括微观的信息经济学基本问题、信息经济学研究对象、信息不对称等问题，同时还包括信息系统经济学的相关问题，包括研究成本—收益及价格价值等内容。

（三）信息经济理论的应用

信息经济理论的应用主要有三个方向：微观信息经济理论方向、

宏观信息经济理论方向及交叉结合学科方向。

首先，微观信息经济理论在整个信息经济理论体系中发展较早也较为成熟。作为基础性理论，微观信息经济理论的核心内容包括委托—代理理论与激励理论、逆向选择与道德风险、信号发送与信息甄别、信息搜寻等，主要是由不完全信息和不对称信息为前提的应用研究。广泛应用于金融和保险、企业管理和组织行为、教育行业、医疗行业等，主要是引入不对称信息经济的理论与方法，并借助这一工具设计和改进某种机制安排，达到提高信息市场的运行效率和规范市场的隐性信息。

其次，宏观信息经济理论的主要应用研究领域，包括信息技术与创新、信息产业与信息市场、信息化与工业化、信息经济测度与信息经济规律研究等。从这些应用领域可以看出宏观层次的信息经济学的应用作为第四产业的代表，对国民经济的发展起着重要作用和突出贡献，更有巨大的发展潜力。

最后，随着时代的变化发展，信息经济理论的研究内容也日益丰富，与信息经济理论结合研究较多的主要包括图书情报学、企业管理与组织行为学、会计与财务管理学、电子商务与供应链管理、生物技术与生物经济、医药信息与技术等学科领域，可以看出信息经济研究的渗透性较强，信息经济与这些交叉学科的融合应用也正好说明了信息经济学理论中“信息”要素作用和意义。

五、信息生态理论

（一）信息生态理论的演进

1997 年，管理科学家 Thomas Davenport 和 Laurance Prusak 在他们的联合著作《信息生态学：掌握信息与知识环境》中首次正式提出了“信息生态学”的概念，将人类对生态的研究理论引入信息管理中，从思维上为信息管理的研究开辟了新领域，自此掀开了学术界对信息生态问题的热烈探讨。近年来，国内的信息生态的研究理论快速发展，从最初对信息生态理论的探讨发展到对其在生产实践中的应用分析，研究逐渐丰富和深入。同时，人们也认识到信息生态理论的相关研究对于解决信息生态失衡现象，保持“信息生态系统”的平衡，实现信息环境与人类社会和谐发展具有重要作用，对信息生态理论与应用的研究正成为国际上一个重要的学术研究领域。

（二）信息生态理论的研究内容

自信息生态的概念产生以来，传播学、伦理学、社会学等学者从各自学科的角度对涉及信息生态系统和信息生态学的相关问题开展了研究。信息管理领域对信息生态理论的研究应建立在信息科学和生态学的学科基础上，利用生态学的观点和方法，研究信息生态系统的构成因子、因子之间的相互作用、信息流和能量流的传递及系统的合理构建和优化等问题。

当前，信息管理领域对信息生态理论的研究比较零散，包括对基本的信息生态观、信息生态系统构建、信息生态位、信息生态因子、信息生态链、企业信息生态、信息生态失调等概念及其内涵的探究。在研究信息生态理论时，要避免与自然生态做简单、机械的类比。自然生态虽然也受到人类越来越多的人为干预，但自我调节能力仍是主要方面，而信息生态系统是人为的系统，人的行为是主要方面。因而对自然生态系统思维方法、规律、观点的运用必须立足于“信息”这一领域。

信息生态系统由信息、人、信息环境组成，是具有一定的自我调节能力的人工系统。其中，信息环境的范畴比较广泛，既包括与人类信息活动有关的一切自然环境，也包括社会环境。信息基础设施、信息资源、信息技术和信息政策与法规等是信息环境的显性构成部分，特定历史环境下人们的知识结构、风俗习惯、道德观念、生产经验等是信息环境的隐性构成部分。

（三）信息生态理论的研究方法

信息生态理论的研究，从宏观上是分析信息生态系统的构成要素及其相互作用关系，这就需要运用系统论、信息论、耗散结构理论、协同论等系统科学的理论和方法；从中观上是指导研究工作，需要运用系统观、平衡观、人本观和互动观四大信息生态理论基本观念；从微观上是研究信息生态系统的应用问题，这就需要运用情报科学和信息经济学的基本原理和方法，要灵活利用系统动力学模型、生态仿真模型、模糊评价模型等工具，强化实证研究方法，避免出现脱离实际的抽象而空洞的概念演绎。值得注意的是，信息生态是由人、信息资源和信息环境中的各种要素和资源共同构成的整体关系，信息生态中各个不同组成部分之间存在着强大的相互联系和相互依赖性，它们的变化都是系统性的，一个生态要素所发生的变化会影响整个信息生态系统。因此，系统观是指导信息生态理论研究的核心观念，研究信息生态系统的形成机理和运行机制，必须运用系统的观点分析信息生态系统的构成要素及其相互关系。

（四）信息生态理论的贡献与局限

信息生态理论已经成为国内外的一个重要的学术研究领域，当前的主要构成是以信息生态系统为核心的信息生态学学科体系和理论框架的研究。

总体来说，国外学者对信息生态系统的研究涉及信息生态的相关概念、研究方法、宏观理论体系框架及信息生态在微观层面的具体应用等方面。研究重点关注以下几个方面的问题：信息污染、信息平衡、信息富有社会与贫乏社会之间的“数字鸿沟”、信息在传播过程中面临的生态问题、信息环境中人与组织的关系等。同时，还深入分析人、社会环境及信息技术之间的关系，主要涉及信息生态系统的相关概念、研究方法、宏观理论体系框架及信息生态系统在微观层面的具体应用等方面，并取得了一定的研究成果。

国内的信息生态学研究起步较晚，始于20世纪90年代，但已逐渐成为学术界的研究热点之一。我国信息管理领域对信息生态理论的研究比较零散，包括对信息生态学的概念、信息生态系统的失调问题、信息生态平衡、信息生态系统的构成、信息生态位、信息生态因子、信息生态链、企业信息生态、信息生态失调等问题的探究。同时，学者还对网络信息环境问题、企业信息生态模型、社会信息环境、大众传播生态等问题进行研究。

但是，信息生态学的研究在国内外还没有形成独立的学科和统一的理论框架，而是由传播学、伦理学、社会学等学者从各自学科的角度对涉及信息生态学和信息生态系统的相关问题开展研究。在生态学和信息科学的学科基础上，利用生态学的观点和方法，研究信息生态系统构建问题。这对于完善信息生态学的理论基础，建立信息生态学的学科体系具有重大的理论意义。同时，无论是社会还是企业，在实施信息系统建设时普遍存在着技术化倾向的问题，片面地强调了某一方面的重要性，而不是从信息生态系统的角度来综合考虑，在建设的过程中破坏了信息生态系统的平衡，从而导致实际结果与预期相差甚远。通过对信息生态系统构建的研究，揭示出人与信息环境的关系，解决信息生态失调现象，保持信息生态系统的平衡。这对于开展信息生态系统下的信息组织、知识管理及信息资源优化配置的研究和解决其中存在的问题具有重大的现实意义。

（五）信息生态理论的应用

信息生态学是近年来为人们所瞩目的一种信息管理理论，它的重要价值在于对实践的有力指导作用，其涉及的领域主要体现在以下几个方面。

1. 信息生态失衡问题

信息生态平衡是指信息、人、环境之间的均衡状态。信息生态失衡是指信息、人、环境之间的非均衡状态，即信息生态系统内部和外部交换的信息受阻或其自身要素与子系统之间的比例失调等。导致信息生态失衡的根本原因在于其自身的熵增。一方面，由于系统内部的新陈代谢作用，结构上的有序与无序相互交替时往往会产生不平衡的现象；另一方面，外力对系统的干扰超过一定限度时也会产生相应的熵。信息生态失衡主要表现在信息超量、信息垄断、信息侵犯、信息污染和信息综合征这五个方面。

2. 网络信息生态问题

网络空间中的信息生态问题也是当前信息生态学研究的一个热点问题。国内学者从不同角度分析了网络信息生态失调的主要原因，即信息爆炸与信息泛滥、信息污染、信息侵犯与黑客哲学、信息垄断与信息霸权，提出了促使信息生态平衡网络可以采取的信息管理手段，包括建立网络信息资源评价体系、发展使用信息安全和控制技术、开展网络信息资源的集成服务、提高信息从业人员的信息素质、建立健全网络管理制度、完善信息的政策和法规等。

3. 企业信息生态环境问题

通过对企业信息生态环境的研究，以实现企业信息资源的优化配置和有效开发利用也成为信息生态学研究的热点问题。施莉分析了企业决策的信息生态环境，提出了信息噪声过滤框架，从模型上推导了信息处理与企业预期目标的关系，并提出企业的应对策略。袁京蓉则以企业信息生产系统存在相似性的系统生态理论为出发点，通过对企业信息生态环境的分析，探讨了如何实现企业信息资源的有效配置和开发利用的问题。

4. 信息生态与企业信息化建设问题

企业在进行信息化建设时，往往忽视从信息生态系统的角度来综合考虑，从而导致信息化建设的结果与预期相差甚远，因此，信息生态与企业信息化建设的关系成为信息生态学研究的热点问题。学者从信息生态理论与企业信息化的关系入手，要利用生态系统理论的思维方式构建企业信息环境生态系统，建立各类企业共生的信息生态圈是今后网络信息服务及电子商务企业的必然选择。

第三节　小结与评述

信息管理学的研究，可以将其归纳为信息用户学派、信息交流学派、商业管理研究学派、政策研究学派和信息生态学研究学派等数个学派。其研究方式、作用方向和应用水平各有不同：信息用户学派主要以用户为基点，以用户的需求与利用为中心，研究信息的收集、传递、加工、存储、控制与服务问题；信息交流学派认为社会得以存在和发展的前提是社会信息交流，一切社会活动均以其信息交流为先决条件；商业管理研究学派的研究源于经管界，其将信息视为最重要的生产力要素，认为应从经济效益方面对信息资源进行管理；政策研究学派源于行政管理和法律领域，该流派致力于规范企业行为、保护知识产权、维护信息安全；信息生态学研究学派是近年出现的新流派，以人的需求为中心来管理企业的信息环境。

信息管理在发展过程中还形成了配套的周边研究理论，包括生命周期理论、信息传播交流理论、用户信息行为理论、信息经济理论和信息生态理论。生命周期理论关注信息在生命周期中的运动状态、阶段与特征，主要研究信息在整个生命运动过程中的特征与规律；信息传播交流理论主要对信息的传播模式进行探讨，传播学对信息交流的研究在某种程度上对信息管理起着很大的促进作用；用户信息行为理论主要研究用户响应和满足自身信息需求的行动和历程，主要包含信息需求的本质、信息行为和信息行为的影响因素三个部分；信息经济理论把信息当作商品来看待，研究信息活动中的经济现象和经济活动中的信息价值；信息生态理论利用生态学方法来探讨人与信息环境的关系，通过对信息生态系统构建的研究解决信息生态失衡现象。

当前，这些理论应用的领域较为广泛。生命周期理论在信息资源管理实践中主要涉及企业、政府和图书馆三大领域；在高校图书采访工作中，信息传播交流理论的应用贯穿于整个过程；用户信息行为理论主要应用于图书情报领域，包括对读者借阅行为和信息检索行为的分析；信息经济理论主要有微观信息经济理论、宏观信息经济理论及交叉结合学科三个方面的应用；信息生态理论主要应用于信息生态失衡问题、网络信息生态问题、企业信息生态环境问题、信息生态与企业信息化建设问题。

纵观本章的框架，其他信息管理学有着较为广阔的研究潜力和极深刻的研究基础，其他信息管理学派的不断发展体现了信息管理这个领域的生机和活力。本章介绍了信息用户学派、信息交流学派、商业管理研究学派、政策研究学派、信息生态学研究学派的相关理论，还提出了很多相应的信息资源管理理论，并介绍了相关的信息管理理论在各个方面的应用。总的来说，信息管理学的其他学派体系是很庞大的，每个学派都有自身不同的特点。同时，其他信息资源管理理论在相关领域的应用也非常广泛，把理论运用到实际中来充分说明了这些学派的生命力。随着信息科学的不断发展，相信这些理论会不断应用到新的领域，并且不断蓬勃发展，展现出更强的融合力和生命力。

第七章

前沿命题与未来发展

▲

CHAPTER 7

信息管理是人类社会必不可少的重要管理活动。这一活动历经了初始管理阶段、传统管理阶段、现代管理阶段，尤其是在现代管理阶段，信息管理对组织管理的作用范围和重心已经由管理“金字塔”的底层——事务处理和业务监督，逐步向高层——战略决策转移。今天，信息问题已成为社会普遍关注的重要议题，相应学科的研究领域不断拓展。计算机学科开始尝试通过技术的改进来改善数据信息的组织状态；社会学科则尝试使用定量分析技术对社交网络产生的大量信息进行分析研究；管理学科也开始使用定量分析技术把管理工作划分为信息输入、信息加工和信息输出过程，包括计算机技术在内的诸多技术的变革，已成为信息管理应用的普遍化需要。在技术变革的推动下，我们需要清醒地认识到信息管理在新时代下必然要做出调整和改变，明确发展的机遇和挑战，并从跨学科的视角去重构信息管理的思想和理论体系。

第一节 信息管理思想变革的新时代背景

随着计算机技术、网络技术对社会生活的全面渗透，信息积累已经达到了可以引发变革的程度。21 世纪以来，数据信息迎来了巨大的发展，各种数据正在迅速膨胀并不断变大，互联网、移动互联网、物联网、车联网、GPS、医学影像、安全监控、金融、电信等都在源源不断地产生着数据。由数据挖掘、商业智能发展而来的大数据技术，在网络技术的推动下已然成为信息技术发展的必然产物。今天，伴随着大数据时代的到来，信息网络越发普及，信息产业快速发展，信息管理的要求也不断提高。大数据技术作为一种新的信息处理模式，越来越多地被应用到各个领域之中。对于信息管理而言，大数据技术的广泛应用预示着信息管理正在进入一个全新的时代。

一、大数据技术的变革

（一）大数据技术的产生

2011 年 5 月，在“云计算相遇大数据”为主题的 EMC World 2011 大会中，“大数据”这一概念被首次提出。大量数据的产生是计算机和信息通信技术（ICT）广泛应用的必然结果，特别是互联网、云计算、移动互联网、物联网、社交网络等新一代信息技术的发展，起到催化剂的作用。它带来了数据产生的四大变化：一是数据产生由企业内部向企业外部扩展；二是数据产生由 Web 1.0 向 Web 2.0 扩展；三是数据产生由互联网向移动互联网扩展；四是数据产生由计算机 / 互联网（IT）向物联网（IoT）扩展。这四个变化让数据产生源头成倍地增长，数据量也大幅增长。

当前，社会对于大数据尚未形成一个统一的认识，对于大数据的理解与定义也是众说纷纭。在维克托·迈尔·舍恩伯格（Viktor Mayer-Schönberger）及肯尼斯·库克耶（Kenneth Cukier）编写的《大数据时代》一书中，大数据被定义为不用随机分析法（抽样调查）这样的捷径，而是采用所有数据进行分析处理的数据。麦肯锡公司将大数据定义为大小超出常规的数据库工具获取、存储、管理和分析能力的数据集，并不是说一定要超过特定 TB（数据存储单位）值的数据集才能算是大数据。维基百科将大数据定义为无法在一定时间内用传统数据库软件工具对其内容进行抓取、管理和处理的数据集合。这一定义并不严谨，但却是各种学术和应用领域最广泛引用的一个定义。

（二）大数据技术的发展

大数据（Big Data）或称巨量资料，指的是所涉及的资料量规模巨大到无法通过当前主流的软件工具在合理时间内抓取、管理和处理的数据集合。大数据技术是指从各种类型的数据中快速获得有价值信息的能力。适用于大数据的技术，包括大规模并行处理（MPP）数据库、数据挖掘电网、分布式文件系统、分布式数据库、云计算平台、互联网和可扩展的存储系统。

如今，数据已经成为一种商业资本，一项重要的经济投入，可以创造新的经济利益。事实上，一旦思维转变过来，数据就能被巧妙地用来激发新产品和新型服务。随着计算机技术全面融入社会生活，信息爆炸已经积累到了一个开始引发变革的程度。它不仅使世界充斥着比以往更多的信息，而且其增长速度也在加快。信息总体的变化还导致了信息形态的变化——量变引发质变。

随着大数据技术的不断发展和普及应用，大数据逐渐形成 4V 特征，分别是海量化（Volume）、多样化（Variety）、快速化（Velocity）、价值化（Value）这四个主要特征。一是海量化，体量大是大数据区分于传统数据最显著的特征。一般关系型数据库处理的数据量在 TB 级，大数据所处理的数据量通常在 PB 级以上。二是多样化，大数据所处理的计算机数据类型不再是单一的以文本或表格为主的结构化数据，也包含了网上订单、网络日志、微博信息、音频视频、图片信息、地理位置等非结构化数据。三是快速化，速度是大数据区分于传统数据的重要特征，在海量的数据面前，需要对获取到的有用信息进行实时分析，数据处理效率就是组织的生命。四是价值化，数据总量的大小与其价值密度的高低成反比。大数据的潜在价值巨大，但是其价值密度较低，如何通过强大的机器算法和高级分析以达到快速“提纯”数据价值的目的，从而挖掘出大数据的潜在价值，成为当前大数据背景下亟须解决的难题。

大数据领域每年都会涌现出大量新的技术，成为大数据获取、存储、处理分析或可视化的有效手段。大数据技术能够将大规模数据中隐藏的信息和知识挖掘出来，为人类社会经济活动提供依据，提高各个领域的运行效率，甚至整个社会经济的集约化程度。

二、大数据技术对信息管理的影响

事物的发展具有双面性。大数据技术对于信息管理来说，实则是一把“双刃剑”。在信息分析方面，大数据技术的发展及应用，使得信息分析出现了三个转变。在信息管理方面，大数据技术的发展及应用既给信息管理带来了有利影响，也不可避免地为信息管理带来了不利影响。

（一）信息分析方面的三个转变

在大数据技术应用主导下，我们对信息展开分析时，在数据量、精准度和因果关系这三个方面出现了转变，这些转变将改变我们理解和管理信息的方法。

第一个转变是我们可以分析更多的数据，有时候甚至可以处理和某个特别现象相关的所有数据，而不再依赖于随机采样。19 世纪以来，当面临大量数据时，社会都依赖于采样分析。但是采样分析是信息缺乏时代和信息流通受限制的模拟数据时代的产物。以前我们通常把这看成理所当然的限制，但高性能数字技术的流行让我们意识到，这其实是一种人为的限制。与局限在小数据范围相比，使用一切数据为我们带来了更高的精准性，也让我们看到了一些以前无法发现的细节——大数据让我们更清楚地看到了样本无法揭示的细节信息。

第二个转变是研究数据如此之多，以至于我们不再热衷于追求精准度。当我们测量事物的能力受限时，应将注意力放在最重要的事情和获取最精确的结果上。直到今天，我们的数字技术依然建立在精准的基础上。这种思维方式适用于掌握“小数据量”的情况，当需要分析的数据很少时，我们必须尽可能精准地量化所记录的数据。随着数据规模的扩大，对精准度的追求有所降低。大数据纷繁复杂，数据质量参差不齐，分布在全球多个服务器上。拥有大数据以后，我们不再需要对一个现象寻根究底，只需掌握大体的发展方向。这并不意味着我们完全放弃了精准度，只是不再过于苛求信息的精准度。对微观层面上的精准度适当忽略，有利于提升我们在宏观层面的洞察力。

第三个转变是我们不再热衷于寻找因果关系。这一转变是由前两个转变促成的，即在大数据时代，我们无须再紧盯事物之间的因果关系，而应该寻找事物之间的相关关系。这有利于我们得出新颖且有价值的观点。通过相关关系，我们或许不能准确地得知某件事情的发生原因，但是能够被提醒这件事情正在发生。我们不需要在还没有收集数据之前，就把分析建立在早已设立的少量假设的基础之上。这一转变可以充分发挥大数据的优势，让数据说话，使许多以前从未意识到的联系得以显现。

（二）大数据技术的有利影响

在数据利用方面，大数据技术不仅能够提高人们利用数据的效率，还能够实现数据的再利用和重复利用，进而大大降低交易成本，提升人们开发自我潜能的空间。同时，大数据可以帮助人们开启循“数”管理的模式，也是我们当下“大社会”的集中体现。

在社会建设方面，大数据技术的运用不断地完善基础设施建设，使得社会基建越来越智能化、人性化，给人类生活带来了极大的便利。智能电网、智慧交通、智慧医疗、智慧环保、智慧城市等现代基础设施不断兴起并得到广泛运用，这些都与大数据的运用息息相关。

在信息管理方面，大数据技术的不断发展使得我们对于信息管理专家的需求不断增加。这一影响不仅局限于信息通信产业，还包含了许多传统产业。此外，广泛运用数据分析手段管理和优化运营的公司从本质上来说均可称为数据公司。例如，沃尔玛通过数据挖掘重塑并优化供应链，麦当劳、肯德基及苹果公司等旗舰店的位置都是建立在数据分析基础之上的精准选址，亚马逊、阿里巴巴等电商企业通过对海量数据的掌握和分析为用户提供更为专业和个性化的服务。

（三）大数据技术的不利影响

在信息安全方面，大数据本身的安全防护存在漏洞。进行大数据分析的人可以轻松地看到大数据的价值潜力，这极大地刺激着他们进一步采集、存储、循环利用我们个人数据的欲望。随着存储成本急速暴跌而分析工具越来越先进，采集和存储数据的数量与规模将爆发式地增长。如果说互联网时代我们的隐私受到了威胁，那么在大数据时代的背景下，这一威胁却在逐渐加深。

面对大数据，保护隐私的核心技术不再适用了。同时，那些尝到大数据益处的人，可能会把大数据运用到它不适用的领域，而且可能会过于依赖大数据的分析结果。随着大数据预测工具的不断改进，我们会越来越想从大数据中掘金。然而，大数据若使用不当，则将会错误地主导人们对社会和行为的认知，带来数据灾难。

当然，我们不能否认，技术的变迁在任何行业都是值得欢欣鼓舞的，每个人都想迅速地抓住它，作为进入某种新实证科学的法宝，作为可用来建构一个综合分析体系的概念轴心。这种“宏大概念”突然流行起来，一时间把所有东西都挤到了一边。大数据时代，我们将基于“宏大概念”重新认识信息管理，通过对信息管理主体和信息管理对象的分析，进一步丰富信息管理的内涵，探寻信息管理思维和方式的变革。

三、大数据技术在信息管理中的应用

全球范围内，研究发展大数据技术、运用大数据推动经济发展、完善社会治理、提升政府服务和监管能力正成为趋势。按照数据分析方法的不同，以下将不同大数据方法在信息管理中的应用分为三个方面。

（一）描述性分析在信息管理中的应用

所谓描述性分析是从大数据中总结、抽取相关的信息和知识，帮助人们分析发生了什么，并呈现事物的发展历程。这类分析主要应用于信息化质量风险管理。质量风险管理是一个系统化的过程，是对产品在整个生命周期中，对其风险的识别、衡量、控制及评价的过程。质量风险管理需要在把握有效信息的基础上，采用系统科学的方法来识别可能存在的风险点，进而进行控制和评价。例如，药品质量风险管理。描述性分析一般作为药品上市后研究的起点，可通过描述与药物有关的事件在人群、时间和地区的频率分布特征、变动趋势，通过对比提供与药物相关不良事件发生和变动原因的线索，为进一步分析性研究提供线索[①]。其中最常用的工具是箱线图和时间序列图，如通过箱线图可以粗略地看出数据是否具有对称性、中心位置和分布范围等信息；同时，通过对同一性质的多组数据在同一坐标下分别做箱线图，可以直观地进行多组数据比较。又如，通过时序图则可以构建不同现象在不同时间上的特征和趋势，在定义分析问题阶段查找异常值、突变或其他规律时是最有效的工具。此外，该分析方法还被广泛应用于制造业产品质量管理，其中

① 詹思延. 药物流行病学研究中的新方法［J］. 药物不良反应杂志，2000（3）.

广为人知的六西格玛质量管理就是将过程中生产的产品控制在某一平均指标的 ±6δ 内波动。其中 ±6δ 指的就是 6 倍的标准差，这属于描述性的指标。此外，随着社会危机和自然危机的频发，描述性分析也被用于对这些危机进行动态监测，以更好地了解危机发展现状，进而做出及时地判断和管理决策。

（二）预测性分析在信息管理中的应用

所谓预测性分析是指从大数据中分析事物之间的关联关系、发展模式等，并据此对事物发展的趋势进行预测。这类分析主要应用于信息化管理中的行为预测。人类行为预测是美国东北大学的科学家艾伯特·拉斯洛·巴拉巴斯和同事对匿名手机用户的活动模式进行研究所做出的结论，即研究发现 93% 的人类行为是可以预测的。个体行为的规律性和预测性在人口统计类别方面并没有表现出明显的不同，包括在年龄、性别、语言、人口密度和城市、乡村区域等方面。巴拉巴斯认为："在我们中间，自然的、率性的人非常少。虽然人们的出行模式有很大不同，大多数人同样是可以预测的。可预测性表示我们可以根据个体之前的行为轨迹预测他或者她未来行踪的可能性。"这一预测在大数据技术应用下变得更加可行。尤其是随着互联网的发展，大量的用户数据通过线上线下等方式被记录下来。在线上，用户的点击、浏览等行为数据反映了用户的兴趣与需求，可以极大地提升在线广告和营销效果，同时还可以对不同用户的行为进行趋势预测。例如，2009 年 2 月 19 日，*Nature* 上发表的一篇名为"*Detecting Influenza Epidemics Using Search Engine Query Data*"的文章，论述了谷歌基于用户的搜索日志（其中包括搜索关键词、用户搜索频率及用户 IP 地址等信息）的汇总信息，成功"预测"了流感病人的就诊人数。此后在 2015 年《中国科学报》上的一项研究显示，通过整合谷歌流感趋势的大数据和传统监测方法，可以改善对流感传播的预测。研究显示，结合传统监测方法和大数据，可以预测美国未来 1 周的流感感染情况。这一发现可能影响国家层面和地方层面预防和控制流感暴发。在线下，用户的行为轨迹数据反映了用户的热点区域，同时也反映了群体的行为模式，不仅可以为线下的营销推荐带来数据支持，也可以为公共安全、城市计算等带来帮助。在公共安全方面，中国政府通过收集和分析全国各区域新冠肺炎疫情突袭而至的数量，以及每天减少的数量，预测新冠肺炎疫情可能持续的时间及激增的时间点，做出有效的疫情防控决策。同时，通过大数据行为轨迹建立预测模型，对感染者的密切接触者做出快速识别和排查。在城市计算方面，研究者基于交通大数据建立了智能交通管控指挥平台，包括跟踪雷达模块和执法雷达模块。其中，跟踪雷达模块用于城市交叉路口管理、城市快速道路管理、匝道检测、事件检测和逆向行驶检测，执法雷达模块则用于测速执法、闯红灯执法和移动执法。这不仅使城市内通行效率得到了快速提升，同时有效降低了交通事故发生率。

（三）指导性分析在信息管理中的应用

所谓指导性分析是指在前两个层次的基础上，分析不同决策将导致的后果，并对决策进行指导和优化。当前，在大数据应用的实践中，描述性、预测性分析应用多，决策指导性等更深层次分析应用偏少。这类分析主要应用于信息化管理中的战略决策。当前随着大数据技术的发展，AI（人工智能）的出现将能够帮助人们快速地做出决策。例如，无人驾驶汽车的出现，就是 AI 在分析高精度地图数据和海量的激光雷达、摄像头等传感器的实时感知数据基础上，对车辆不同驾驶行为的后果进行预判，并据此指导车辆自动驾驶。想象一下，你正在高速路上开车，突然一只鹿在车前的道路上跳跃。你只有几秒钟的时间来做出决定。在这种情况下，你需要的最重要技能是理性且快速地决策，而这些 AI 都能帮助你实现。当然，我们需要进一步拓展指导性分析在国家和企业信息管理中的应用，如利用工业大数据实现智能化生产管理。比如总部位于德国小镇 Weiden 的 BAM 机械公司，是一家拥有 170 名员工的现代化精密制造工厂。鲜为人知的是，这家工厂在 2011 年时只有 8 名员工和 4 台机床。直至 2013 年，马可 · 鲍尔从 OPEN MIND 公司引进 hyperMILL CAM 解决方案。在初期项目中，他们成功将 hyperMILL CAM 编程所需的时间和工作量减少 70% 至 80%。凭借 hyperMILL 强大的 2.5D、3D 和 5 轴策略，BAM 机械公司成功缩短了加工中心设置和编程时间，进而提高了生产效率和产能利用率。这是因为，hyperMILL 可为大多数应用场景提供高效的加工策略，同时允许使用者将交互式用户指南内置于自动化系统，在实际工作中，hyperMILL CAM 编程人员只需设置一些参数，即可扩大生产组件范围并显著降低编程工作总量。面对传统制造业，尤其是随着客户定制组建的需求的上升，马可 · 鲍尔将数字化和自动化视为当代的巨大机遇之一，他带领 BAM 机械公司独辟蹊径，致力于实现自身精密生产加工专业知识与数字化、自动化基因融合。

总体来看，人们做出决策的流程通常包括认知现状、预测未来和选择策略这三个基本步骤。这些步骤也对应了上述大数据分析应用的三个不同层次。不同层次的应用意味着人类和计算机在决策流程中不同的分工和协作。例如，第一层次的描述性分析中，计算机仅负责将与现状相关的信息和知识展现给人类专家，而对未来态势的判断及对最优策略的选择仍然由人类专家完成。应用层次越深，计算机承担的任务越多、越复杂，效率提升越大，价值也越大。然而，随着研究应用的不断深入，人们逐渐意识到前期在大数据分析应用中大放异彩的深度神经网络尚存在基础理论不完善、模型不具可解释性等问题。因此，当前应用层次最深的决策指导性应用已在人机博弈等非关键性领域取得较好的应用效果，且与人类生命、财产、发展和安全紧密关联的领域要真正获得有效应用，仍面临一系列亟待解决的重大基础理论和核心技术挑战，大数据应用仍处于初级阶段。未来，随着应用领域的拓展、技术的提升、数据共享开放机制的完善，以及产业生态的成熟，具有更大潜在价值的预测性和指导性分析在信息管理中的应用将是发展的重点。

四、大数据技术与智能经济

2017 年，国务院印发了《新一代人工智能发展规划》(国发〔2017〕35 号)，首次明确了我国新一代人工智能发展目标。发展智能经济、建设智能社会，需要加快人工智能与经济、社会、国防等的深度融合，全面提升了社会生产力、综合国力，进而提升国家竞争力，这也是当前信息管理变革的目标。如果说 IT（信息技术）是上一个 20 年最大的变量，无论是中国政府还是企业，甚至是个人都确立了技术优势与应用优势，并且，该变量还带来了人与人、人与服务的重新连接，资源与信息的对称，线上和线下的结合，加速了中国的网络化和数字化进程。那么下一个 50 年，最大的变量就是 AI（人工智能），量级、深度、广度完全不同的万物互联、全新互交、大规模协同，将推动各个产业、各个领域、各种场景全面的数字化、网络化[①]。

AI 加速了智能经济的到来，中国无疑是最有机会成为全球人工智能创新中心的国家之一。中国不仅拥有全球最大规模的制造业

① 李彦宏. 智能经济［M］. 北京：中信出版集团，2020.

和应用市场及最多的研究人员，同时也有很好的政策优势。中国自2012 年开始进行智能化城市的规划，到 2016 年累计有 597 个城市开始试点。过去，中国一直推进数字化战略，“数字中国”已经成形。当中国的数字化进程遇上人工智能这样一个历史机遇时，从国家到城市，再到行业、企业、个人，都将有机会发挥自身优势，抓住这一技术变革的历史性机遇，充分挖掘蕴含在数据中的巨大价值，为全球打造具有中国特色的“智能盛宴”。智能经济一定是未来 10 年中国经济的新标签。在这一新标签下，信息管理的主体和对象将发生新的变化。而在此之前，首先有必要对智能经济的具体表现形态进行探讨。

（一）智能经济与数字经济

AI 驱动下的智能经济将在以下三个层面带来重大的变革与影响。第一，人机交互方式会发生重大变革。万物智能互联让丰富的数据可低成本获得。其中，获得方式可以是智能手机、智能音箱、车载系统、可穿戴设备、智能传感器及摄像头等。相应地，应用和服务的形态都将发生变化，人们将会以更加自然的方式和机器、工具进行交流。正是由于未来搜索的形态会发生很大的变化，市场规模将超过人们的想象。第二，IT 等基础设施会带来巨大颠覆。传统的 CPU（中央处理器）、操作系统、数据库将被代替，新型的 AI 芯片、便捷高效的智能云服务、AI 生态性开放平台、深度学习框架、通用的人工智能算法等将成为这个时代新的基础设施。第三，智能经济将重塑发展逻辑和商业模式，智能产业化、产业智能化成为新的发展趋势。当前，无论是城市安全、交通、医疗，还是制造业、服务业等都在加速智能化。新的消费需求将带来新的商业模式和管理模式。

由此可见，所谓智能经济是以新一代信息技术、新一代人工智能技术及其协调创新成果为基础，以数字化、网络化、智能化融合发展为杠杆，以数据驱动、人机协同、跨界融合、共创分享为特征，与经济社会各领域、多元场景深度融合，通过智能化基础设施与基础设施智能化推动新基建，通过智能产业化与产业智能化推动技术进步、效率提升和发展方式变革，培育新动能，开展新治理，提升整体经济的活力、创新力、生产力和控制力，从而形成更广泛的以人工智能为基础设施和创新要素，支撑经济、社会和人高质量发展的新形态、新范式[①]。

至于智能经济与数字经济的关系问题，有研究者认为，数字经济是智能经济的基础，也是智能经济的一部分。同时，智能经济包含数字经济，是数字经济的下一阶段。自2017年开始，数字经济多次被写入政府报告，相关的“工业互联网”“智能制造”也分别多次被写入政府报告中。有关于数据经济的界定口径，可以从国家发改委公布的《数字经济发展的若干重点领域》[②]中进行探讨，其中涉及的重点领域包括数字基础设施、数字化治理、数字化公共服务、数字化转型、数字化创新能力、数字经济交流合作、数字经济发展环境七个方面。对于新业态、新模式、新政策，如何实现有效的信息管理，重塑信息管理理论体系，让信息管理决策更科学、更智能成为当前亟待解决的问题。

（二）智能经济下的决策驱动要素

智能经济下的决策驱动要素主要包括以下六个方面。

---

① 李彦宏. 智能经济［M］. 北京：中信出版集团，2020.

② 国家发改委创新和高技术发展司. 数字经济发展的若干重点领域［R］. 北京：国家发改委创新和高技术发展司，2019.

一是技术驱动。算力、算法、大数据的有效融合使得中国在数据方面的优势更加凸显。一方面，经济转型升级的内在要求为人工智能服务的实体经济提供了广阔的空间；另一方面，国内很多应用场景为科技企业提供了大量的训练样本，亿万网民产生的海量数据为机器学习提供了大量的元数据。然而，当前人工智能仍然需要解决算法、数据、计算速度、通信、传感器、存储等方面的问题，但这并不妨碍各行各业拥抱人工智能的热情。在智能经济时代下，企业必须转型，否则将会被人工智能的早期使用者越甩越远。业界也把现在的人工智能比作 20 世纪 90 年代初的互联网，抢占先机、吃得第一波红利也早已成为共识[①]。

二是创新驱动。全球知名创投研究机构 CB Insight 报告显示，2017 年全球新成立人工智能创业公司有 1100 家，人工智能领域共获得投资 152 亿美元，同比增长 141%。人工智能发展至今，已经不再是一个单纯的概念，而是可以落地的具体场景、可以想象的商业价值。据普华永道预计，至 2030 年，人工智能将为世界经济贡献 15.7 万亿美元。人工智能从概念、技术的出现到产品落地再到最后形成产业化，需要很多的行业参与进来。

三是要素驱动。中国正进入老龄化社会，旧的人口红利逐渐消失，要实现有限劳动力的转型升级和结构优化必须依靠提高效率。如果说在传统要素驱动的高速发展模式下更关注要素生产率，那么在智能经济时代背景下，则更关注全要素生产率，也就是综合、结构化地考察系统中可以被衡量的各个要素及无法被定量衡量的要素的系统生产率。新一代人工智能技术将为中国带来新的发展红利，作为新要素，它正在通过释放企业生产潜力，帮助中国经济实现可

---

① 麦肯锡全球研究院. 人工智能：下一个数字前沿［R］. 上海：麦肯锡全球研究院，2017.

持续高质量发展。当前，我国商品和服务的价格 97% 以上由市场定价，但土地、劳动力、资本、技术、数据等要素市场发育相对滞后，影响了市场对资源配置决定性作用的发挥，成为高标准市场体系建设的一个突出短板。只有促进要素的合理流动、自主有序流动的机制，提高要素宏观配置效率，才能共同支撑实体经济发展，形成协同发展的产业体系①。

四是场景驱动。中国是全球唯一拥有联合国产业分类目录当中所有工业门类的国家，这意味着中国有最为广阔的场景应用领域。但当前人工智能在模糊识别及应用场景方面，仍需要不断地训练，提高认知和判断。

五是用户驱动。技术的革命伴随交互的革命。交互的革命既是技术突破的方向，也是技术发展的结果。无论是国家还是企业，获得数据的目的都在于更好地了解自己所服务的用户，更好地提供基于用户画像、用户场景的服务。技术驱动与用户驱动是密不可分的，任何单维的调度都会陷入二元论的悖论中。举例来说，百度搜索引擎能够快速发现用户的需求，因为搜索即需求，轨迹即数据，因此类似百度这样的搜索引擎对用户画像的维度最全、最立体。当然，随着人机交互拓展到人车交互、车路交互、物物交互、机机交互，用户的需求将无遗漏地被发现。

六是安全驱动。拥抱新技术是国家安全的需要，要自主创新、关键技术自主可控。现代安全经济学“三角形”理论认为，经济是两条斜边（一条是实体经济，另一条是虚拟经济），安全是底边，如果没有底边的支撑，即使经济发展再快，也构不成稳定的三角形。2020 年两会期间，中国《民法典》第四编中有一个关于个人隐私和

① 安蓓. 构建更加完善的要素市场化配置体制机制——专访国家发展改革委有关负责人［N］. 新华社，2020-4-9.

个人数据保护的条款引人关注。这是中国首次确立个人隐私权和个人数据权。当政府和企业运用智能云助力于各行各业实现产业智能化升级的过程中，安全是必不可少的重要一环。例如，在 Apollo 平台上，当合作伙伴拿着 Apollo 技术到实际场景应用时，百度首先想到的是安全问题。Apollo 平台不断被优化，其中新增的代码中有 50% 以上都和安全有关。2018 年 5 月，百度正式提出了 AI 伦理四项原则。2019 年 6 月，国家新一代人工智能治理专业委员会发布《新一代人工智能治理原则——发展负责任的人工智能》，提出了人工智能治理的框架和行动指南，强调了和谐友好、公平公正、包容共享、尊重隐私、安全可控、共担责任、开放协作、敏捷治理八个原则。2021 年 6 月《中华人民共和国数据安全法》发布，以保障数据安全，促进数据开发利用，保护公民合法权益。

第二节　智能经济背景下信息管理主体和对象的变化

大数据时代下，在万物互联的地球村，信息已越来越多地被政府部门、社会组织，以及个人视为一种能够给他们带来收益的“资产”。如何实现对这类资产的管理和有效利用具有极为重要的意义。很显然，信息管理活动的展开涉及管理的主体和管理的对象，这也是本节需要着重探讨的内容。信息管理的对象，即信息资源和信息活动。信息管理的主体，主要包括政府、企业、个人。从信息管理对象的角度来看，信息资源的拥有量及品质已经成为衡量各种社会组织实力的重要尺度，同时信息管理活动是获取信息资源并使信息资源增益的重要环节。一个组织若想不断地增强自身的信息实力，就必须要做好信息的采集、组织加工、整合与集成、开发利用等工作，尤其是在大数据时代下，如何有效利用大数据技术在确保信息安全的前提下，实现信息资源的获取、共享及有效利用极为关键。从信息管理主体的角度来看，就一个国家而言，谁拥有的信息资源越多、质量越高，其实力就越强大，就越有话语权；就一个企业而言，谁生产的产品或提供服务的信息“附加值”越大，谁获得的利润就越大；就个人而言，谁能够更多更快地获取并组织有效的信息，谁就能够更快地实现个人知识创新。

一、智能经济背景下信息管理主体的变化

所谓管理主体，是指掌握企业管理权力、承担管理责任、决定管理方向和进程的有关组织和人员。管理者和管理机构都属于管理主体的组成部分。在管理实践中，管理主体基本上是由参加管理活动的人或人群组成的，这些人或人群具有一定的管理能力，拥有相应的权威和责任，从事现实管理活动。在小生产时期，各级管理人员往往集决策、指挥、监督和控制等各项职能于一身，组织的管理主体常常是组织所有者，单个的管理主体被我们称为管理者。但是，在现代化大生产中，由于组织规模大，它的管理并不是由一个管理者完成，而是由许多人按一定功能组织起来构成一个统一的整体来管理整个组织，这样的管理主体被我们称为管理系统。而当信息化时代到来后，这一管理主体又进一步转变为以计算机为实现载体的信息管理系统。直至今天数字化时代的到来，信息管理主体在以计算机为实现载体的推动下，将信息处理技术进一步优化，实现了数字化技术的革新。

所谓数字化，就是把人类需要的信息以“0”和“1”的二进制方式采集进入计算机。举例来说，声音作为一种最原始的信息，它是如何实现数字化的呢？和录音机不一样，计算机并不会“录”下真实的声音，而是对原始的声音进行采样、量化、编码，最后将连续变化的模拟信号转换为数字编码。这个过程就是数字化。今天利用数字化技术，我们可以将所有可见、可听，甚至是可感知的信息都进行数字编码，转换为计算机可识别和读取的二进制。这里需要说明的是，无论如何进行数字化，其目的都是为了实现信息化。因为人类可以理解的是信息，而不是计算机语言的“0”和“1”。我们只是借助计算机来解决信息问题，而这个处理过程就是数字化。简

单来说，数字化就是将信息借助计算机进行收集、分析和再利用的手段。很显然，在数字化技术的推动下，数据采集的手段、分析的技术，甚至数据决策的手段都极其丰富，这必然给未来的政府、企业及个人信息化带来重大的影响和变革。

（一）政府信息化的变革

数字化技术对现代社会的渗透无孔不入，政府作为信息管理的重要主体，势必将面临数字化技术所带来的巨大而深远的影响。当前，我们已经看到了数字化技术在政府领域的广泛应用正深刻地改变着政府的运作方式和创新机制（模式）。政府信息化建设在新时代下已经呈现出新的特征，具体包括：其一，移动性，如泛在互联、移动服务。其二，虚拟性，如虚拟体验、赛博空间。其三，个性化，如精准服务、推荐服务。其四，极端数据，如富媒体等。这些新特征是数字化技术发展和电子政务应用创新两者交错融合、螺旋式演化，以及发展到更高级实践阶段的必然结果。正是在这样的背景下，智慧政务的概念被提出，这一概念具有明显的实践先于理论的特点，因此，它的建设尚处于起步阶段。《中华人民共和国国民经济和社会发展第十四个五年规划和 2035 年远景目标纲要》明确提出，要“将数字技术广泛应用于政府管理服务”“全面推进政府运行方式、业务流程和服务模式数字化智能化”。这为“十四五”和今后相当长一段时期内机关事务信息化工作指明了方向，对建立健全现代化机关事务管理体制和机关运行保障机制，以及更好形成集中统一、资源统筹、管理规范、运行高效的现代机关事务新格局具有重要意义。

（二）企业信息化的变革

新时代下的企业信息化将从人力信息化阶段、自我智化阶段，进入智能化阶段。在早期人力信息化阶段，由于信息的容量有限，问题尚不凸显。但是随着市场化程度的加快、信息容量的激增，传统人力信息化必然面临一些问题。首先，对于开发企业而言，信息化开发的成本不断加大。面对快速变化的市场需求，开发企业需要投入大量的人力、物力不断创建新的表单、新的流程来满足不同时点的客户需求。以全国为例，在同一时点开发同一个需求的软件企业不胜枚举，但是这些不断层叠的表单与前面已经完成的业务系统相互重叠，最终变成了一个信息化的庞然大物。其次，对于使用企业而言，信息化使用的投入成本远大于收益。造成这一问题的主要原因在于，这一阶段下的信息化开发是由开发企业主导的信息化升级与改造，必然导致信息软件的商业性大于实用性、通用性大于个性化，以及信息化升级的反应速度远远滞后于市场需求。最后，带来的结果就是，信息化市场严重的功能同质，在实际应用中并不具备可以引导和帮助管理者进行决策的能力。因此，他们大多只能提供开发企业的技术实现者认为要看的内容，而不是使用企业的管理者真正想看的内容。可见，无论是对于开发企业，还是使用企业，信息化在人力信息化阶段几乎进入了死胡同，带来的结果是信息化后大企业没法获利、中小企业没有得到保护、信息化需求企业在萎缩。市场在现实的驱动下必将发生新的变化。尤为重要的是，在数字化技术的驱动下，信息化的采集逐渐可以脱离人力采集的模式，而采用自动化采集的模式。这一阶段被称为自我智化阶段，也有人将该阶段称之为后信息化时代。当然，无论该阶段如何界定，这一阶段所具备的特点是自我采集和自我分析。所谓自我采集，简单来说就是达到人类的识别能力，进行有目的性的采集。自我分析则是按照人类设定的模型，进行大数据甄选后，提供结论及自我执行。无疑，自我智化阶段下的信息化相对于人力信息化阶段更快速，也更高效。但是自我智化阶段仍然强调人类自我意识的主导，某种程度上可能带来的问题是，信息化的采集和处理均会受限于人类认知的有限。随着数字化技术和大数据算法的加速融合，进一步带来了信息采集和分析模式的变化，即从自我采集、自我分析转向自动采集和自动分析。简单来说，这一阶段下的信息采集和分析已经可以逐渐脱离人类意识的主导，从而在借助大数据算法下实现机器的自动化学习。未来信息化变革仍将继续，不仅依赖于数字化技术和大数据算法的进一步发展，还依赖于全球互联网络的加速升级。可以说，没有快速的互联网、数字化技术及大数据算法的实现只能是极其有限的。这一有限性不仅包括数据采集范围的有限性，还包括数据存储空间的有限性、数据分析平台搭建的有限性。即对于大数据存储、云计算、行业数据标准化、数据安全性、新兴行业的诞生等都离不开未来网络的升级。这意味着信息管理主体在实现相关管理活动时还不能忽略对网络的管理和升级改造。

（三）个人信息化的变革

新时代下，个人信息化变革的技术驱动来自数字化技术和网络的融合发展。世界在实现数字化的同时，也带来了人际交往的数字化。尼葛洛庞帝在《数字化生存》一书中提到，比特是信息的最小单位，它没有颜色、尺寸或重量，却能以光速传播。今天这个时代，不仅比特替代了原子，而且个人双向化沟通替代了由上而下的大众传播，接收者主动地“拽取”信息替代了传播者将信息“推排”给受众。人与人之间的地理边界被打破，在一个没有疆界的虚拟世界，人们可以不用背井离乡就可以生活在别处，这对于过去一直生活在大众传媒信息垄断中的人们是新奇而神往的。对于个人而言，当娱乐世界和信息世界充分融合且开始具备互动性的时候，即使最微弱、最孤独的个人声音都可以被倾听。但是我们同时也发现，个人隐私与社会公开性出现了冲突，如何保护个人信息，并实现有效的信息控制成为个人信息化使用中被高度关注的议题。这也意味着个人信息化使用中个人信息隐私保护和更大程度地实现信息共享之间的博弈开始了。

二、智能经济背景下信息管理对象的变化

传统信息管理对象主要包括信息资源和信息活动。智能经济背景下，数字化技术和大数据技术的推动，不仅丰富了数据收集的手段，同时催生了众多信息化公司的诞生，如大数据公司、算法模型公司、智能业务处理公司、数据可识别处理公司和智能管理顾问公司等。这些新的信息化主体的生成同时带来了信息管理对象的变化，即信息资源和信息活动的变化。

（一）信息资源的变化

在传统信息管理时代，信息资源是信息管理的对象之一。所谓信息资源即信息本身，本书在第一章已经对信息做了定义，认为信息是主体所感知的，对于客观世界中事物运动状态和变化的反映，是客观事物相互联系、相互作用的描述。这里对信息定义的一个前提条件是信息必须是主体所感知的。之所以做出这样的定义，主要是因为传统信息采集手段的限制，这一限制要求对信息的获取必须是主体能够感知的。而在智能化阶段，信息的采用已经变为自动采集，这表明信息的定义已经发生了变化，信息不仅包括被主体所感知的，还应当包括不被主体感知的。无疑，这一定义的变化使得信

息资源的范围迅速扩大。我们在今天已经可以看到，信息的增长速度远远超过了人们处理信息和分辨信息的速度，尤其是在互联网的发展下，共享信息更是以几何级数快速增长。

面对过量的信息时，个人会本能地进行筛选，选出喜欢的，忽略其他的，与同道中人为友，与意见相左之人为敌，形成了不同的凝聚子群。在凝聚子群内部，不同个人间充分地共享信息资源，而在凝聚子群外部，则可能存在信息孤岛。

对于企业而言，面对过量的信息时，企业需要考虑的则是：是否存在更快速和更高效的提取有效信息的工具，让企业管理者做出更快速准确的决策。在一个商业世界的两极，企业家都将面临同样的挑战和成长焦虑——自身的商业模式、科技人才和数字资产会被边缘化吗？如何能更快地运用大数据挖掘算法和数字化技术，尤其是利用人工智能来做出决策，实现价值增益，这些都是企业在智能化时代需要面临的问题。

对于政府而言，面对“过量的信息”时，政府不仅需要思考如何快速准确地利用有效信息，还需要更多地思考现存的这些过量的信息，哪些是正确的，哪些是具有误导性的，即从信息中识别并过滤“噪声”。在某些发达国家出现党派之争时，通常支持一种观点，即认为信息越多，就越靠近真相。但在《自然》杂志上刊登的一项研究发现，几大政党对全球变暖的问题了解得越多，他们之间达成共识的可能性就越小。由此，研究者发现了一个现象，即如果信息的数量以每天 250 兆亿字节的速度增长，其中有用的信息肯定接近于零。因为大部分信息都只是噪声，而且噪声的增长速度被认为要比真实的信息快得多。从理论上来看，这里有太多假设需要验证，有太多数据需要发掘，但客观事实的数量是个相对恒量。因此，在智能化时代，还需要分辨出大量信息中的“噪声”，并将其分离出来。

（二）信息活动的变化

在传统信息管理时代，信息活动也是信息管理的对象。所谓信息活动，在本书的第一章也已经做了定义，即认为信息活动包括对技术、设备、资金、人员等进行有效组织和科学管理的活动。在智能化时代，信息活动仍然包括这些方面的内容，只不过因为信息定义的扩大，使得信息活动的范围也有所扩大。尤其是在智能化阶段，更多的是依赖于技术的信息活动，因此，如何对技术进行有效组织和科学管理则成为新时代下信息管理的主要问题。

对于个人而言，信息活动的范围主要在于个人如何应用互联网，实现个人信息的发布、转发。因此，对于这类信息活动的管理主要在于控制其发布和转发的内容，进行内容识别，包括文本、语音、图像的识别。通过对这些内容的识别来建立健康有序的社会网络环境。

对于企业而言，尤其是对于新生成的信息化公司，包括大数据公司、算法模型公司、智能业务处理公司、数据可识别处理公司和智能管理顾问公司等，它们的信息活动所包括的内容是有所不同的。例如，大数据公司的信息活动主要在于使用大数据算法对客户提交的数据进行分析，并帮助做出决策的活动；算法模型公司的信息活动则主要在于为客户提供可用的算法模型，帮助客户搭建数据互联平台；智能业务处理公司则主要在于根据客户需求去采集数据，以满足客户需求为目的；数据可识别处理公司则主要在于对客户提交的数据进行识别处理，如对财务公司的大量票据进行真伪核实；智能管理顾问公司则更多的在于帮助客户制订战略规划，界定企业发展目标、数字化生态体系及业务架构。如果要对这些信息化公司的信息活动进行管理，首先，需要将它们各自的具体信息活动进行分类描述并准确识别；其次，需要找到对这些不同信息活动进行管理的有效模式；最后，还需要夯实这些管理模式的技术基础、数字化人才，并建立优秀的组织。

对于政府而言，则需要结合本国政府的特色、治理现状及需求，构建有效的智慧政务建设框架。当前智慧政务已经在全球发达国家和地区进行实践探索。通过有效的安全措施保护个人的隐私和交易，促使企业提高生产率和收入，帮助政府利用数据更好地分析城市问题，从而制定更适当的政策。在我国，智慧政务也受到社会各界的广泛关注。当前已有超过 200 个城市提出智慧城市的建设发展计划，而智慧政务则是智慧城市建设的首要任务，智慧政务也被认为是政府信息化发展的高级阶段。总体来说，以智慧政务为目标的政府信息化建设是以智慧技术高度集成、智慧服务高效便捷为主要特征的政府信息化发展新模式。该模式对政府信息化建设提出了新的、更高的要求，也为政府信息化的发展明确了方向。智慧政务的主要演化发展趋势体现在以下四个方面。

1. 智慧政务将实现各类用户对象细分

互联网的快速发展伴随着庞大的用户群体，使广大网民对智慧政务的公共服务的需求日益多样化。如果智慧政务无法准确识别并划分每类用户的真实需求，便无法有针对性地改进服务。因此，可以根据用户属性，从所在地域、生命周期、使用语言、行业类别、系统环境、来源渠道、访问频率等角度对用户进行细分，挖掘不同类型用户的需求特征，为不同用户提供精准服务奠定基础。

2. 智慧政务将实时感知用户需求热点

智慧政务强调从用户需求的角度出发，实时感知用户需求是提供精准智能服务的前提。很多时候用户需求带有较强的时效性，并且产生于特定地点和特定群体，实时感知需求热点的变化才能及时提供有针对性的服务。通过实时统计分析用户行为特征的动态变化，能够帮助管理人员发现当前用户关注最多、需求最集中的热点，便于按照需求及时提供更丰富、优质的服务。

3. 智慧政务将实现公共服务动态调整

智慧政务要实现快速、持续的动态服务供给，需要对智慧政务现有服务短板进行快速、准确的定位，并有针对性地进行优化和改进。不同类型、时间和地点的用户在需求方面存在显著差异，因此，需要根据用户类型和具体情况提供专门的个性化、订制化的服务。在感知用户需求、识别服务短板的基础上，通过多种方法为公众提供更加主动、智能的服务，实现智慧政务公共服务的动态优化供给。

4. 智慧政务将深度应用新兴信息技术

大数据技术为智慧政务实时、全面感知和预测公众所需的各类服务，及时发现需求热点提供了前提和基础。移动互联网引入基于位置的服务，可以随时随地感知移动用户的需求，有效组织信息和服务，使智慧政务打破时间和空间的限制，使提供不间断的泛在服务成为可能。云计算的应用可以节约智慧政务的建设成本，促进政府部门政务应用的发展，实现跨区域、跨部门、跨层级的政务信息资源共享，降低政府的建设和运维成本。

此外，除了对技术管理的变化之外，信息管理的人员也较之以往发生了极大的变化。在智能经济背景下，管理价值系统中的协同参与者比管理组织合同员工更加重要。互联网无所不在的连接形成了大规模的协调能力，造就了像 Airbnb（爱彼迎）和 Uber（优步）这样的平台企业，本身并不拥有任何房间和出租车，企业正式员工也只有几百人，却能使全球资源得到共享，使每个人都有可能成为其兼职的员工和顾客。因此，未来企业面临的管理挑战之一不是如何管理自己的合同员工，而是管理通过互联网进行大规模协作的临时工。我们经典的管理教材更加侧重于组织正式员工的管理，如何对通过网络大规模协作的员工进行管理的确是数字新经济时代面临的新问题。

三、智能经济背景下信息管理内涵的重新界定

在大数据时代背景下，信息管理主体和对象都较以往发生了较大的变化。无论是主体和对象的范围，还是行为方式都被赋予了新的内涵。因此，我们有必要对信息管理的内涵进行重新解构。现有研究者对信息管理内涵的解读较多，但大多认同的观点是：信息管理是一种程序性活动，其目标是实现信息资源的有效利用①。很显然，管理活动的展开不能脱离其社会背景、经济背景及技术背景。

（一）信息管理内涵研究的经济视角

在信息经济时代，对知识资产的有效管理已成为组织获得竞争优势的关键。有研究者提出，信息管理内涵应拓展至对知识管理的研究，认为知识管理是信息管理的延伸和发展。所谓知识管理，从企业维度来理解，就是以知识为核心的管理；它是通过确认和有效利用已有的和获取的知识，并通过对各种知识的连续性管理提高企业的创新能力和创造价值的能力，以满足企业现有和未来开拓市场机会的一种过程。本质上来说，知识管理是策略管理的应用，即利用资源管理理论，通过创新来塑造、强化企业竞争优势，并借此和策略管理接轨。知识管理和信息管理一样，具有明确的手

① 王英玮. 信息管理导论［M］. 北京：中国人民大学出版社，2010.

段性质，其“背后隐含着‘学问为济世之本’的假设”[①]。相比于信息管理，知识管理更强调将知识作为一种可开发的重要资源的管理思想。

博伊索特教授认为，知识是以从数据中提取的信息为基础建立起来的一种能力，它会随着时间的推移产生一系列有用的服务，具有潜在的经济社会价值，因而常被称为一种特殊的资产形式。相比于实物资产，知识产品可以无限期延续自身的存在。当前，知识资产的价值限度并不明确，且在创造它们的劳动与其价值之间没有严格的对应关系。当在充分编码、足够抽象的情况下，知识可能会轻松流动；而丰富、定性及模棱两可的数据则可能变得黏滞。伴随着大数据技术的发展和完善，信息资源作为一种资本逐步成为知识资产的重要形式，并开始在经济发展过程中扮演着越来越重要的角色[②]。

基于知识资产的产生、增值与运用的特点与规律，博伊索特教授首次提出了信息空间的概念。在信息空间中，信息流是知识资产的存在方式，由于信息本身属性与内涵外延的差异，不同种类的信息流具有不同的运动特点。此外，不同使用者的文化取向、价值取向也会对信息流的运动产生间接影响。由于信息流运动的不对称性，不同的组织形成了不同类型的制度结构，进而形成了不同的知识利用方式，即管理方式。博伊索特教授认为，信息密集度高的社会组织，其产品、技术和组织之间的界限常常难以确定，其知识资产能够以较快的速度，很容易从组织过程转变为技术过程，进而将价值转移到产品中去；而信息密集度低的组织，其构成要素之间往往界

① 伍忠贤，王建彬. 知识管理策略与实物［M］. 北京：中国纺织出版社，2003.

② 马克斯·博伊索特. 知识资产：在信息经济中赢得竞争优势［M］. 张群群，陈北，译. 上海：上海人民出版社，2005.

限分明，资讯流通不畅，知识资产只能以较慢的速度流动，其价值转换的周期也相应延长，获利空间将被压缩。

博伊索特教授进一步结合现实，对“信息革命”的影响和发展提出了积极思考。他在深刻反思现代组织在知识资产方面的财产权利状况的基础上，指出了信息流在网络化、数字化背景下内在的运动属性，要求组织管理者将知识资产的运用视为一种社会化过程，更好地发挥知识资产对产业发展的促进作用。

无疑，信息流视角可以对大数据时代背景下的信息管理提供新的内容。当前，我国产业发展已逐渐向数字化、网络化转型，数字化信息资源具有与传统信息资源不同的特征，因而亟须提出新的应对措施，形成新的治理模式与管理方法，以实现有效的数字化信息资源的开发利用。此外，由于知识资产是由各种要素构成的复杂形态，因此当务之急应该是先对知识资产的特性、作用、价值进行深入探讨，通过学习、运用并借鉴先进的大数据相关技术，充分发挥数字化信息资源的经济价值，帮助使用者在数字信息化条件下运用知识资产赢得新的竞争优势。

（二）信息管理内涵研究的社会视角

不可否认的是，对知识资产特性的界定在很大程度上取决于使用者的社会价值取向。基本上，特性的定位决定了它的价值。因此，我们还必须从社会视角来探讨信息管理的内涵。本部分所提出的社会视角，重点在于讨论不同使用者因其社会价值取向的不同，带来了知识资产的制度结构及组织形式等的不同，如在理查德·尼克松政府的实践中，信息管理被认为是权力者滥用信息权力的活动过程。这一问题产生的焦点在于，权力者可能具有更大的权力来滥用或误用从公众那里收集来的数据。《信息自由法》和《隐私权保护法》就清楚地表达了对上述问题的关注。事实上，从人类早期开始，应运而生的特殊社会等级、特殊群体和特殊职业的人就能从特殊的渠道获得更多的信息。在拥有信息后，如何在他们各自范围内保留信息优势的行为，在很大程度上是通过文化习得的。不同的文化造就了不同的社会制度，进而形成了不同使用者的思维习惯，从而引发不同的使用需求。无论是政府、企业还是个人，其行为的目的都是为了满足人们的生活需求，因此形成了不同的政府规则、企业惯例和个人习惯。

当然，随着大数据时代的到来，数字化趋势愈演愈烈，使用者对它愈发强烈的依赖在某种程度上反而阻碍了他们从中学习、成长和发展的能力。在过去的十年中，我们已经目睹了这些使用者对信息逐渐失去控制的过程。于企业而言，具有明显的经济需求去获取更多客户行为和喜好的信息；于政府而言，具有明显的社会需求去精准地找到公共服务目标人群的渴望；于个人而言，则具有明显的认同需求去向他人分享自身的相关信息。网络、数字化和廉价的信息处理与存储相结合，已经使得信息流动在技术上和成本上都成为可能，但同时带来的一个问题是，尚不完备的信息管理机制已经使个人隐私、企业利益，甚至国家安全受到了威胁。如何在对信息进行有效管理的过程中建立更加科学可行的管理机制，以维护信息隐私，不仅应在当下，还包括在未来，都是亟待关注的重要议题。

（三）信息管理内涵研究的技术视角

当信息获取技术、信息分析技术等技术成为决定管理水平和管理方法的关键要素时，信息管理在管理系统中的地位进一步攀升，不仅从依附于其他学科的情境中独立出来，而且已逐渐成为指导现代管理实践的主流思想。这预示着不仅管理对象和管理理论从单一向多元转化，管理组织形式也从有形到无形（包括职能、知识管理）循序渐进地转化。因此，还有必要从技术角度来对信息管理内涵进行探讨。

在传统的信息管理活动过程中，技术主要在于对信息进行采集、传输、存储、加工和表达等。在大数据时代下，信息管理中虽然仍然需要应用到上述技术，但当前更多的需求来源于对信息保护技术的开发与应用。大数据时代下，信息正被高速、低成本地复制、传播与共享，人类已进入信息管理应用的新时期。从政府政务、金融系统到社交网络均离不开信息管理。随着近年来以云计算、大数据、物联网和人工智能等为代表的新技术的发展，使得无人超市、共享出行、生物特征识别、无人驾驶等众多高科技产品不断涌现。人们在享受科技给他们的生活带来便利的同时，他们在无人超市里留下的购物记录，在手机里保存的很多个人隐私等，越来越多场景的泄密行为却变得更加隐蔽。信息治理成为当前构建人类网络空间命运共同体的必由之路，它离不开技术和管理手段的综合运用。

从技术层面而言，主要是信息保护技术的实现。网络法的先驱劳伦斯·莱西格在其著作《代码：塑造网络空间的法律》中明确提出，应利用某种为知识产权开发的DRM（数字版权管理）基础设施来管理和执行信息隐私索赔①。有了这样一个系统，个人将能够在其个人信息中添加元数据来详细限定可以使用该信息的人，以及可用于什么目的、付出多少代价。只要全部或大部分技术设备服务商将这一系统的技术组件嵌入他们的设备中，维权就可以得到一定的保障。近年来，我国也在不断完善和推进建立数字隐私权基础设

① 维克托·迈尔·舍恩伯格. 删除：大数据取舍之道［M］. 袁杰，译. 杭州：浙江人民出版社，2013.

施——数字版权管理（DRM）[①]，但仍然存在诸多技术和实践问题尚未解决，如该系统防破解能力较差，易影响数据信息的安全性。此外，还有一个更为重要的问题在于该系统的运作需要追踪用户的行为，使之从本质上成为一种需要时刻监视用户，并随时对未授权的行为加以阻止的技术系统，这从某种程度上来说反而加剧了数据信息使用的透明性。不仅如此，任何此类 DRM 基础设施都仍然需要一定的法律支持，尤其在限制某些尝试回避技术控制机制的行为时。例如，在《数字千年版权法案》中的逆向工程禁令。若要利用数字版权管理来解决其他信息权力问题，那么逆向工程限制的范围就必须得到相应的扩展。

（四）信息管理内涵研究的制度视角

信息保护技术的实现还有待于从信息管理制度层面予以保障。从制度层面而言，国内外对信息保护的相关立法正稳步推进。例如，欧盟于 2018 年 5 月 25 日出台了《通用数据保护条例》（GDPR），规定了用户在数据上的查阅权、被遗忘权等权力，以保护个人隐私、遏制数据滥用。2019 年 5 月 28 日，国家互联网信息办公室发布《数据安全管理办法（征求意见稿）》，从数据收集、处理使用、安全监管等方面讨论其管理办法。然而，从现有各国的实践来看，相关数据隐私保护法的使用率却不高。主要原因在于个人维权意愿不强，不仅法律维权风险过高，而且费时耗力，更为重要的是还需要把个人再次暴露于更大群体的公众视野中，这也是人们所不愿意的。基于这一现实情况，信息生态规范相较于强制性的法律条文，因其可执行的灵活度似乎更容易被大众所接受，如它规定了什么信息能够被收

① 博思数据研究中心. 2020—2026 年中国数字版权管理（DRM）市场分析与投资前景研究报告［R］. 北京：博思数据研究中心，2019.

集、存储，并且能被谁记忆、记忆多久。一旦信息满足了某些条件（如守法表现和随着时间流逝），不良记录则可能会被消除（封存或销毁）。目前，信息生态规范已被列入部分国家的正式法律中，且还被用于某些信息处理技术开发公司的隐私指导原则中。例如，微软已将信息生态纳入其《产品与服务开发隐私指导原则》中。从某种程度上来说，这样的信息生态是目的限制原则的必然结果：如果因某种目的将个人信息委托给某人，那么一旦该目的达成，对方继续使用该信息就是非法的，必须将其删除。当然，即使作为一种当前可被接受的方式，信息生态规范在实际运行中仍存在诸多问题，其中最为关键的是个人如何选择将信息委托给谁，又如何约束信息被用于何处，一旦出现委托偏差，则将给个人权益带来重大损失。于是，可考虑使技术与个人信息控制的理念相适应，以描述个人选择因某种目的，在特定条件下分享个人信息[①]。从个人层面而言，若个人对信息控制过强，则意味着其具有对信息的完全权力，可能消除对信息重复利用的限制，但于社会发展不利；而若控制过弱，又可能使得其信息被滥用或误用，于个人不利，违背了社会伦理的基本要求。因此，有必要建立一种可行且可用的标准来予以明确。无疑，“衡量标准决定我们的观点和推论”[②]。换言之，一切应用行为都可由预设的衡量标准系统所指导。但是，问题在于谁来制定标准，以及如何制定。事实已证明，这通常是由具备话语权的主体来设定，而主体行为的选择很大程度上决定了数据应用标准制定的信度和效度的高低。因此，有必要对具备话语权的主体行为选择进行探讨。众所周知，权力是政治生活的中心，要理解其主体行为就必须置于政治需求和

---

① 维克托·迈尔·舍恩伯格. 删除：大数据取舍之道［M］. 袁杰，译. 杭州：浙江人民出版社，2013.

② 约瑟夫·E. 斯蒂格利茨，等. 对我们生活的误测：为什么 GDP 增长不等于社会进步［M］. 阮江平，王海防，译. 北京：新华出版社，2011.

政治治理的背景之下。

无疑，专家群体在对技术参数的设置中，主要考虑的是技术实现对象——信息应用与可实现目标的匹配度问题，即该信息能够在多大程度上满足目标需求。很显然，这又陷入了专家群体对信息价值的主体认定问题。既然涉及主体认定，则意味着信息管理的每一个环节都预留着人为操纵的空间。因此，我们在信息管理的过程中，必须保持对信息的理性警觉。不仅要从客观维度上对收集或使用的信息进行交叉检验，更为重要的是要弄清信息背后的权力运作关系。从整个人类信息发展史来看，历史一再重演貌似中立的科学技术在权力结构中被异化的主题，技术与政治之间的异轨构成人类历史重要的变奏曲[①]。在数字化技术和网络技术推动下的今天，现代政治道德要求——当权者必须符合透明性，似乎可以从技术层面被满足，数据信息作为工具而非价值的意义得以进一步被强化。但是对信息透明性的政治需要，却同时使得数据信息的价值应用衍生出了新的问题，如信息透明是覆盖了所有人的透明吗？政治需要是满足了所有人的政治需要吗？信息价值的确定有统一性的标准吗？如果答案都是否，那么正视并突破信息应用在当下的困局极为必要，这也是信息管理研究者需要进一步思考的内容。

① 赵汀阳. 以天下重新定义政治概念：问题、条件和方法［J］. 世界经济与政治，2015（6）：4–22+156.

第三节　智能经济背景下的信息管理思维变革与发展

大数据技术被认为将会带来生活、工作与思维的重大变革。谷歌、亚马逊等互联网企业在利用大数据方面所做的工作使数据行业看到了新的发展路径。大数据在教育、医疗、汽车、服务性行业的应用所彰显的能量使企业、研究者对大数据的未来充满信心。《连线》杂志前主编克里斯·安德森甚至早在2008年就断言数据洪流将会带来理论的终结，科学方法将会过时，其原话是“面对大规模数据，科学家‘假设、模型、检验’的方法变得过时了”。在智能经济背景下，管理思维发生了重要变化。“赋能”的思维比“管”的思维更加奏效。由于数字化技术的赋能，使任何一个人都可以相对低成本地获得资源，并组织资源，协同完成价值创造过程。个人不再依赖于组织，人与组织的长期固定契约关系需求变弱，大型组织很难再以强势者的地位来“管”员工，更何况大量的员工并不是组织的合同制员工，而是一种价值网络上的协作型临时员工。在这种情况下，组织被重新定义，团队被重新定义，自上而下的“管”将被由数字技术所支撑的“赋能”所替代。哪个组织能给个人更多的赋能，让个人获得更大的成长，哪个组织就能获得更好的业绩。传统的管理学是建立在牛顿力学逻辑之上的机械式思维，但赋能管理是要构建在量子力学逻辑之上的个体能量激发思维，如何激活组织中的个体将比如何“管”住个体更加具有意义。

一、智能经济背景下的信息管理思维与方式变革

大数据开启了一次重大的时代转型，就像望远镜让我们能够感受宇宙，显微镜让我们能够观测微生物一样，大数据在改变我们生活的同时，也改变了我们理解世界的方式。

（一）大数据下信息管理思维变革

恩格斯说：每一时代的理论思维都是一种历史的产物，在不同的时代具有不同的形式，也因此具有不同的内容。因此，我们必须承认管理思维方式及其方法具有时代性、历史性。在历史上，没有一成不变的理论思维，正如我们在前几章所看到的，不同时代产生了不同的管理学派，也孕育出不同的管理思想和管理理论。今天，我们正处在一个伟大的时代，只有转换思维方式与思维方法，确立数字化管理思维，才能适应在世界范围内发生的新科技革命的客观要求。科学发展的历史表明，每一次重大的科技革命，不仅极大地推动了生产力的发展，而且也深刻地影响着人们的思维方式。目前，由人脑、电子计算机和人工智能结合而成的人机系统，已经具备了新的思维活动和精神生产的能力，它们为信息管理思维的深刻变革提供了良好的基础。

1. 思维活动和方式的变化

一是思维活动的对象拓展至新的领域。从对自然领域的研究，拓展到描述与揭示人造系统的控制规律和机制等人造世界的新领域中，从而使思维客体具有综合性和总体性的特征。从企业层面来看，越来越注重企业的系统性管理，要求把企业的人、物和企业的外在环境三因素综合起来，作为一个整体进行研究，强调局部服从整体、

企业适应环境等。同时，要求在分工的基础上更加重视各部门之间的信息互通和分享，实现协调与平衡，以系统目标来调节部门目标，达到整体最优。

二是思维关注的焦点从事转向人。从信息管理发展史来看，现代管理对人的因素的重视呈上升趋势，强调企业中的人是在一定社会环境中的“社会人”，要从多方面激发人的主动性和创造性。福利特管理思想的精髓就是不仅重视人在管理中的重要作用，确切地说是重视管理者和员工，而且还关注人与组织“关系”场域的分析[①]，即人的每一个行动均被行动所发生的场域所影响，而场域并非单指物理环境而言，也包括他人的行为及与此相连的许多因素。福利特所认为的管理思维，主要是指应对和处理个人与组织关系时的认识论和方法论，同时关注以什么样的视角、角色介入个人与组织关系中，以什么样的认知模式处理管理中的关系、解决管理中的问题。在他的思想中，管理思维是以理性分析为主，同时包含人的全身心投入，这是一种积极处理个人与组织关系的管理认知综合机制。与经济人假设不一样，这里强调的是社会人假设，更多思考的是如何致力于个人与组织积极共生，以及个人与组织之间的良性互动。

2. 思维模式的三个转变

一是从线性思维到关系思维。早期科学管理主要把管理问题归结为科学问题，主张用冷静的理性分析和科学试验（实验）总结出一应百应的管理原则，这种管理原则相对于管理经验、管理常识来说，短期确实会大大提高生产率的“量”。但是当这种科学的理性分析被管理者推广应用的同时却出现了失灵现象。其中一个重要的原因在于忽略了管理过程中可能涉及的复杂社会关系，以及现代商业社会

① Follett M P. Creative Experience［M］. New York：Longmans，Green，1924.

纷杂的利益关系，尤其是没有关注到在这一系列关系的构成中“人”在其中所扮演的重要角色，包括员工、管理者及消费者的情感、意志及他们之间的各种社会关系等。可见，以往的科学管理虽精密，对管理中人的问题也并非完全忽视，但仍没有很好地处理或没有提出有效的方案，来应对因生产力提高、工厂效益提高而伴随的利益分配问题，以及员工之间、员工与管理者之间、员工本人与其各类社会关系人群之间的关系问题。造成上述困境的主要原因在于管理者在管理过程中，独断论地以自我为中心，进而用替别人思考的“家长制”的线性认知模式来诊断问题。事实上，线性思维最初来源于数学思维及形式逻辑，而后管理者将其应用于经济管理中，并认同“狭隘”的私有制及其自私的人性假设是其经济和法理的基础。这种线性思维仅仅基于自己或本阶层、本集团的利益为出发点考虑问题，把“我的”“他人的”明显区分开来考虑问题。不可否认的是，这一思维方式在过去很长一段时间被广泛应用；近年来虽有所减弱，但其在可预见的将来也不会轻易消失，因为它存在的根源是人狭隘的自私性。从自我出发考虑问题本身或许并没有错，问题是这种自我与他者对立的孤立自我思维，把自我与他者的关系直观化、对立化，以至于偏激化。其实质是一种近视地处理自我与他者关系的思维，而非把他者放在自我利益关系体中整体地、动态地、长远地考虑自我与他者利益的得与失。而大数据时代下，这一关系体中的自我与他者处于多层级的关系之中，若仍以线性的思维处理自我与他者、与世界的关系，将会造成信息管理的思维困境。辩证地看，正是科学管理中线性思维的发展困境，为现代管理中的关系思维认知发展提供了契机。关系思维中的“关系”主要用 relating 来表征，其内质是一种互动关系（Interactive Relation），其英文相关词的前缀用

inter + v。这暗示着是以积极姿态处理个人与组织关系问题[①]。这一思维方式要以管理中人的定位的提升、管理者充分认识到人的价值为前提，还要对组织效率和效果在量与质上有更高的要求。将福利特的关系思维应用于今天大数据时代背景下恰当其时，其就社会、人和管理提出的基本假设更接近今天的事实，甚至今天的许多管理学专家提出的理论也对之望尘莫及。当然，如何将其关系思维运用到实际的信息管理过程中，又可能会面临哪些新的问题则有待于人们在实践中进行探索和完善。

二是从确定思维到模糊思维。同线性思维来源于数学思维相类似，确定思维最早同样来源于数学。但随着后来数学中的极限理论和立体空间的引入，数学思想开始从确定性逐渐向不确定性转变。这种不确定性即模糊性。“模糊”一词译自英文“Fuzzy”，在字典中除有“模糊的”这个含义外，还有“不分明的”和“边界不清的”的意思。模糊性是客观事物呈现的普遍现象，主要是指客观事物差异中的“不分明性”，或者说是研究对象的类属边界或性态的不确定性。虽然模糊事物没有绝对界限，但是有着相对的标准与合理性。虽然模糊性允许主观性的存在，因为每个人对模糊事物的界限判定不完全一样。但是，这些人们心目中的界限又会形成一定的分布，具有一定的规律，因而它又是客观的。因此，模糊性被认为是对上述主观与客观相统一的反映。而模糊思维则来自隶属程度的思想。比如，有的人认为 18 岁到 45 岁是年轻人，有的人则认为 20 岁到 48 岁是年轻人，等等。假设有一位 42 岁的人：在这可能的 100 个年龄范围内，有的包含 42 岁，有的不包含 42 岁，这种状态描述为“中介状态”。如果有 90 个年龄范围内都包含 42 岁，那么这位 42 岁的

---

① 李培挺. 转型期管理思维变革：从线性思维到关系思维［J］. 商业经济与管理，2014（7）.

人是“年轻人”的隶属程度就可以理解为90%或0.9。尽管信息管理决策大多惯用的是确定思维，如依据历史信息推算客观状态数目及其出现的概率，但这种决策思维所对应的是大量重复性的决策情形。而对于一次性事件或虽然可以在相同条件下做重复试验，但试验费用相当昂贵（如航天发射、外星探测等）而不可能做多次重复试验的情况，就不得不借助决策者或专家的主观判断，这样往往容易造成决策偏误。大数据时代下，运用模糊思维所做出的决策，则可弥补专家判断无法量化而只能用抽象的语言术语来表达的情况，通过对决策信息进行推理、计算和决策，能将定性的信息定量化，以表达人们的定性决策信息。虽然决策信息的取值没有数字那么精确，但是它增强了决策信息表达的可行性、灵活性和可信度。关于模糊思维的具体方法及应用在下文将会重点阐述。

三是从优化思维到非优化思维。优化观是系统科学中的一个重要内容，它是建立在客观的系统整体性、相关性、历史性等相互作用所形成的系统分歧性，及其各种作用形成的基础之上的。由于任何系统都存在稳定性和非稳定性，两者此消彼长不断影响着系统的进化过程，一旦形成的涨落发生在系统的失稳点上，系统就会出现多种现实可能性的演化途径、演化方式、演化方向、演化速度等，并形成它们之间合作与竞争的过程。这种客观的选择条件、选择机遇的存在，为我们在各种实践活动中优化对象的结构与功能提供了客观的依据和余地，从而形成了在此基础上的系统方法的优化观。这种优化观要求管理者从系统未来可能的演化方式、方向与途径中选择最有利于目标管理实现的途径，并且按照客观系统的实际演化过程不断调整最优目标，不断调整实现过程中的一个个方式、方法或手段，去寻求使系统结构与功能得以不断改善与提高的现实途径，从而推动对象系统满足人们越来越多的要求，形成其持续发展的优势。所谓动态管理正是鲜明地体现了这一特征。相对而言，系统非优化也是一种普遍的客观存在。从一定意义上来说，缺乏系统非优化的研究是不够完善的。系统中的优化与非优化同样具有丰富的内容，而系统之优化与非优化的相辅相成才使系统具有无限发展的能力。其方法论意义也就是借鉴他人非优化，多创造成功的机会。简而言之，就是只有建立在已知的非优化前提下，才会不走弯路，有效地走向系统的优化。"科学"的管理工作就是下功夫寻找工作中的非优化，并分析系统内所有非优化的性质与类型，建立科学的管理模型，按照目标有针对性地制定克服非优化的措施，使工作逐步进入优化的过程。在管理过程中，如果不知过去工作中的非优化、现存的非优化及未来可能出现的非优化或者拒绝承认非优化的存在，甚至视非优化为优化，将会导致工作中的盲目性。因此，非优化也是信息管理思维方式的一个重要转变。

3. 思维方法的产生与应用

一是辩证思维方法的产生与应用。人类思维经历了从形象思维到抽象思维再到辩证思维的发展过程，辩证思维是最高形式的思维运动，辩证思维方法是最高层次的科学方法。所谓辩证思维方法指的是人类正确进行理性思维的方法，主要包括四个具体的方法：归纳与演绎、分析与综合、抽象与具体、逻辑与历史相统一。在实际问题的解决过程中，这四种方法往往是相互补充、交替使用。总体而言，在面对不同问题时的思维方法不尽相同。如果说归纳与演绎方法有助于初步了解中国信息管理思想史的基本问题，分析与综合方法则有助于进一步认识信息管理思想史的主要问题，抽象与具体方法有助于更深层次把握中国信息管理思想史的根本问题，逻辑与历史相统一的思维方法有助于更加全面科学地研究中国信息管理思想史，即在尊重客观史实的基础上用理论逻辑的形态把历史过程中隐藏的客观规律分析呈现出来，并应用于解决现实问题。尤其是面对大数据时代的到来，大数据技术运用在使管理发生深刻变革的同时，所带来的诸如信息陷阱、维数灾难等问题，亟须运用辩证思维的方法，提升信息管理效能。未来，应在创新与坚守的统一中进一步“建立健全运用互联网、大数据、人工智能等技术手段进行行政管理的制度规则”①，全面拓展数据资源应用广度、深度和提升共享服务水平，早日实现应急管理体系和能力现代化。

二是模糊思维方法的产生与应用。模糊思维方法是对不确定性现象进行定量研究的学问。这种不确定性指的是由于无法精准定量而产生的“范围不确定性”。1965 年，查德教授在《信息与控制》杂志上发表了论文《模糊集合》，标志着模糊思维方法的诞生。模糊概念，是指边界不清晰、外延不明确的概念。模糊集合则是对客观存在的模糊概念的反映。客观存在的某些元素是否属于模糊集合并不是非此即彼的。我们既不能认为这些元素完全属于这个集合，也不能认为完全不属于这个集合，而是往往处于一种亦此亦彼、模棱两可的状态，这就是所谓的模糊性。正是美国控制论专家查德将模糊集合运用于对事物的本来面貌进行客观描述上，使模糊思维方法在科学界一展风采。从精确到模糊，历经百年沧桑，是人类的思维方法的重大发展。查德说，“我们将发现人类能利用模糊概念是一种巨大的财富而不是负担”。此后，模糊聚类分析、模糊模型识别、模糊评价、模糊决策、模糊线性规划、模糊控制等方法，构成了模糊思维方法应用领域的重要手段。目前，模糊思维方法已在哲学社会科学领域得到应用，并取得了具体的研究成果。比如，模糊思维方法在土壤评价中的应用，模糊思维方法在经济效益综合评价中的应用

① 中共中央关于坚持和完善中国特色社会主义制度 推进国家治理体系和治理能力现代化若干重大问题的决定［N］. 人民日报，2019-11-06（1）.

等。此外，在工农业、经济、生态文明、国家治理、政策评价等方面，无不渗透着模糊思维方法的应用。模糊综合评价方法是模糊思维方法应用的一个重要方面。具体而言，模糊综合评价方法是将一些边界不清、不易定量的因素定量化，从多个因素对被评价事物隶属等级状况进行综合性评价的一种方法。此外，在模糊理论中受到普遍重视的是模糊神经网络。它汇集了神经网络与模糊理论的优点，集学习、联想、识别、自适应及模糊信息处理于一体。这几年，模糊神经网络理论及应用得到了飞速发展，各种新的模糊神经网络模型的提出及与其相适应的学习算法的研究，不仅加速了模糊神经网络理论的完善，而且在模糊识别、系统预测、模糊控制、图像编码及模式识别等文理交叉领域都有成功应用。近年来，随着人工智能、5G、互联网等信息技术的发展，模糊控制技术的发展也十分迅速。而模糊控制技术也是以模糊集合论、模糊语言变量和模糊逻辑推理为基础的。将模糊思维方法应用于控制领域，可以更真切地模拟人脑思维和判断，对产品生产过程进行选择和控制，从而推动智能化新技术发展①。

三是非优化思维方法的产生与应用。虽然非优化思维的具体方法尚没有被提出，但是在信息管理应用的实践中早就已经运用到了非优化思维的方法。原因在于，管理目标最优化是管理者要达到的一种境界，但由于现实的复杂性、知识的不完备性、主体的缺陷性等，使这种最优化很难实现。因而在日常生活中追求的往往不是最优化，而是次优化。例如，对于行为指向多目标之间有所冲突的情况来讲，究竟把哪些目标作为约束，把哪些目标作为最优化对象往往不易确定，这时引入某些定性判断并在其指导下进行计算，也许更为有效。如信息管理平台的设计。技术开发者过去为了提升后台

① 李群. 重视模糊思维方法的应用［N］. 中国社会科学报，2020-09-08（006）.

数据算法的精确度，实现最优化思维，往往是以牺牲效率为代价的。当然不可否认的是，人类对于事物精确性的探究始终是其不懈追求的目标，但面对快速变化的外部环境，基于非优化所做出的快速决策，其可实现的价值远高于牺牲效率而追求最优化所做出的滞后决策。如谷歌流感趋势预测，使用来自网页搜索的数据去追踪流感病毒的传播，而且这种预测并不是依赖于对随机样本的分析，而是对整个美国几十亿条互联网检索记录进行快速的计算和分析。有别于传统数据时代下建立在理论假设基础上的关联物监测法，机器学习方法能够快速地从大量非结构化数据森林中挖掘关键事件，并建立这些事件之间的相关性，实现了对事物相关性的快速把握。由此不仅能够提高微观层面分析的准确性，甚至能够推测出某个特定城市、某个国家的流感状况。虽然这种预测可能不够准确，但是它的及时性和有效性是有目共睹的。一方面，公共健康官员和健康专家可以尽快了解流感的暴发；另一方面，这一模型能很好地补充其他传统调查方法，进而从更具体的位置进行追踪调查。当然，在周围条件俱已确定的前提下，我们是可以求出系统的最优解的。

（二）大数据下信息管理方式变革

就信息管理而言，大数据的快速发展及普遍应用，使信息管理在诸多方面产生着改革。基于大数据时代的发展背景，信息管理在信息存储、信息技术和信息分析等方面均有所变革。

1. 云计算在信息存储功能上的飞跃

大数据所指向的是 PB（1015）以上级别的数据，因此对于计算机 CPU 及存储技术提出了更高的要求，而云计算的出现无疑解决了这一关键性技术要求。当前，云计算正日益受到学术界与工业界的关注，它所提供的强大的存储和计算能力立刻成为大数据的有效储存工具与应用途径，可以说云计算的出现与成熟在技术上造就了大数据的繁盛。而云计算中的“云”可以再细分为存储云和计算云，云存储是在云计算概念基础上延伸和发展出来的，是一个以数据存储和管理为核心的云计算系统，是大数据储存的主要载体。

2. 大数据在信息技术上的创新

人们对于数据价值的挖掘尤为关注计算效率与结果，因此，在提高大数据处理效率与速度方面先后开发出多种方法，如在 VC 中利用 OO4O 包含的 Oracle C++ Class Library 提供的一些基本类库对大数据的高效处理法；在 ASP. NET 中对大数据量分页技术的研究；在 SOAP 协议下对大数据量传输性能的改进。为了提高软件执行的高效率与大数据消息数据处理速度而开发的 WMB（Websphere Message Broker）算法；为适应大数据的新情况对支持向量机（Support Vector Machine，简称 SVM）参数寻优方法的改良；等等。在这一方面的技术研究极为全面且日益深入。

3. 大数据在信息分析方法上的变革

大数据在数据分析处理技术方面的快速进步主要推动力源于数据应用的实践，面对大数据所提出的新情况、新问题，人们不断去探索更为行之有效的数据分析技术，其中 2004 年谷歌公司最先提出了 MapReduce 技术，作为面向大数据分析和处理的并行计算模型，这一模式迅速引起人们的广泛关注，并在不断的应用与改良过程中成为非关系数据管理和分析技术的重要代表。同时，非关系数据管理技术的出现并没有将传统的关系数据管理技术完全取代，相反，二者在竞争中互为补充共同发展，成为今天大数据分析的重要方法。

大数据在具体分析方法的应用上主要采用两种：全数据分析法与相关关系分析法。全数据分析法主要针对随机采样分析法，最大限度地“利用所有的数据，而不再仅仅依靠一小部分数据”。在早期数据量及处理技术相对落后的“小数据时代”，对于数据的处理通常采取随机采样分析法，通过对样本数据的分析获取有价值的信息，这是一种依靠最少数据获得最多信息的方法。而全数据分析法的全数据模式，其对数据的全面占有超越了采样分析法对于样本精确性的要求，部分数据的错误在全数据的整体结构中可以被忽略、被纠正，对于数据分析的结果非但不会产生大的影响，反而会获得更准确、更全面、更有价值的信息。

相关关系主要是指“当一个数据值增加时，另一个数据值很有可能也会随之增加。相关关系的核心是量化两个数据值之间的数理关系”。比如，特定地区网络搜索“流感”相关词条的数据值越高，则该地区流感患者的数据值越高。这种利用相关关系分析法捕捉现在和预测未来通常被认为是大数据的核心，这种方法主要探讨信息间的关系“是什么”，摆脱了传统因果关系分析法对于“为什么”的本质主义的关注，不纠结于原因，专注于现象，反而使这一方法能够更为灵活、有效地处理各类繁杂数据。这不仅是方法的革新，更是一种思维的革命。

二、智能经济背景下的信息管理发展与应用

大数据技术的发展不仅推动着信息管理思维的变革，同时还丰富和扩大了信息管理的应用领域。信息管理应用的广度不断延伸，从政府、企业逐渐延伸至个人信息管理应用；且信息管理应用的深度不断推进，从单一信息管理纵深至多维信息融合和管理。以下内

容将分别从技术角度探讨如何实现信息管理应用的平台建构和优化，最后从应用角度探讨信息管理可应用的领域。

（一）大数据技术对传统信息管理平台的优化

支撑信息管理有效运行的基础在于信息管理平台的不断升级和优化。依托高效的信息管理平台人们可以更快速地处理海量信息，进而实现更精准的信息反馈。

大数据时代的来临，在给信息管理带来新机遇的同时，也使其面临着巨大挑战。对于信息管理而言，“互联网 +”技术的广泛应用，虽然能提升信息管理平台的社会服务功能；与此同时，由于在大数据时代下信息管理产生了一些新的问题，其对社会的稳定性和和谐性也造成了一定程度的不利影响。因此，对大数据技术下的信息管理平台进行研究，不仅有助于我们更好地发展和利用现有信息管理平台，还可以为信息管理平台的未来厘清思路、奠定基础。

1. 传统信息管理平台的不足

信息管理平台是以信息资源为基础，利用计算机网络和通信系统，通过满足客户需求的信息资源加工方法和利用方式，向用户展现资源价值的一种信息资源系统管理平台架构。传统信息管理平台在应用中被发现存在一些问题，具体包括以下三个方面。

一是信息管理平台建设有待优化。其中基础设施建设上的不足影响了整个系统的建设，使信息管理平台的积极性无法完全发挥。信息管理平台基础建设上的落后主要体现在硬件方面，如服务器性能较弱、数据库存储体量较小。数据库存储能力对于信息管理平台至关重要，存储体量不足会造成系统运转缓慢、工作效率低下，严重的甚至可能造成整个系统的崩溃。

二是数据信息的有效性有待提升。在当前社会背景下，各种各样的数据信息爆炸式出现，海量的数据信息中势必包含诸多无用信息。企业在数据采集过程中，由于缺少需求导向，没有以业务为核心，认为只要尽可能多地采集数据势必会从中得到有利于企业的信息，从而导致采集的数据中包含了大量的无用信息。这些无用的信息降低了信息管理平台的工作效率，甚至有可能被别有用心的人利用，在造成系统崩溃的同时，使信息的商业机密外泄，造成不可挽回的损失。

三是信息管理平台的整体安全性有待提升。信息管理平台是信息资源的命门，而在信息化时代下，信息资源已经成为各行业的核心竞争力之一。一些部门在对信息管理平台的建设上，只是重视信息管理功能的发挥，为了控制系统建设成本，忽视了系统的安全性建设。同时，信息管理平台的使用者缺少风险意识，在平台使用过程中技术能力有限，从而造成了信息资源的外泄。而有些部门虽然建立了信息管理平台安全管理机制，但由于机制脱离了实际，可执行性较低。

2. 大数据技术下信息管理平台优化的四个维度

上述问题有待于在大数据技术的推进下得以优化。信息管理平台的优化涉及四个维度，即数据采集、数据存储、数据挖掘和分析、数据信息安全维护。

（1）数据采集

伴随计算机网络技术的逐步完善，电子商务领域迎来了黄金发展期，传统数据结构已然无法适应数据信息的发展。进入大数据时代后，原有的信息获取模式也出现了一定的变化，获取渠道也朝着多样化前行。由不同类型的数据融合而成的大数据，能够进一步带动生产效率的提升，为政府、企业的完善发展奠定基础。新时代背景下，数据发挥着越来越重要的效用，其背后附带的价值意义对各个领域都尤为重要。由此来说，无论是公司还是政府机构，都将重心转移到数据获取方面。由于大量数据来源于移动网络终端，借助高效的移动终端数据采集体系和 GPS 定位系统，信息管理者可以获取秒级响应的流数据。作为大数据中的一种重要数据形态，流数据是一组顺序、大量、快速、连续到达的数据序列。一般情况下，数据流可被视为一个随时间延续而无限增长的动态数据集合，被大量应用于网络监控、传感器网络、航空航天、气象测控和金融服务等领域。

（2）数据存储

随着大数据的规模爆炸式增长，传统的数据存储体系已经无法满足需求，这在很大程度上限制了数据索引量的上升。要对数据存储空间进行扩增，就需要通过大数据技术来实现。目前主流的存储模式主要有以下两种：一是用于日常数据存放的云盘空间，通常存储用户的文档资料、图片文件等内容。借助云端存放能够更好地在不同终端进行数据使用，提升空间运行效率。二是企业级云储存模式，主要存放对象为待分析数据和归档文件。由于该模式主要面向公司，所以数据总量极为庞大，对存储空间和安全性提出了更高的要求。

（3）数据挖掘和分析

在大数据时代背景下，数据挖掘和分析是信息管理过程中不可或缺的一部分。数据挖掘的目的在于深度剖析数据背后的价值，利用大数据技术对海量数据进行挖掘，相较于以往的操作手段，可以更高效地实现数据价值增益。大数据技术在数据分析方面的价值不仅是对现有数据结构进行转换、压缩和分析，更提出了一种全新且适用范围更广的分析模式——实时交互。它能够使人们在工作生活中实现很多实时交互的动作，如微信聊天、查看股市行情、语音交互等。相比于以往，今天人们利用大数据实时分析技术可以使决策方案更加符合预期目标。

（4）数据信息安全维护

在信息管理的过程中，确保信息的安全是任何阶段都要研究的一项课题。尽管在大数据时代下机遇众多，但是也存在着不可避免的信息安全问题。大数据最大的特点就是数据量极为庞大，且噪声较多，如何保证信息的安全性显得尤为重要。目前采用的较多的处理方式是，在数据交互过程中对传输环节进行加密处理，在云端存储时采用混合加密方式等。此外，运用大数据技术还可建立可靠的运维渠道，设置标准防火墙系统，提高系统安全性功能，从而加强信息管理安全防护。

3. 大数据时代下信息管理平台的架构

图 7–1 显示，信息管理平台架构的第一步是解决数据的采集、存储、流通共享，即将采集来的原始信息按照大数据的标准和要求进行集中管理，实现数据信息的存储、流通和共享。在大数据日益发展的时代，信息管理的核心就是信息共享。有必要建立健全规范的信息共享平台，将“信息孤岛”转向跨领域、跨地区、跨层级、跨业务等数据资源的协同管理，实现全面采集、全程全景覆盖。第二步是解决数据的价值利用。随着大数据时代的到来，信息为各行各业提供越来越多的运行信息和决策依据。对于现代的信息数据化管理而言，不仅要求能够看到数据，还需要进行交互式分析、深入向下挖掘，直至发现问题、找到答案，并对此采取行动。这一切都对信息管理平台提出了很高的要求。解决以可交互的数据分析快速定位问题，可以大大提升数据分析和业务决策的效率。第三步是解决数据的展示与呈现。信息作为数据的一种载体，信息在深度挖掘和分析之后所得出的结果需要以更直观的方式呈现出来，以便给予

管理者更形象、更直观、更立体、更全面的多种形式的可视化信息展示渠道。

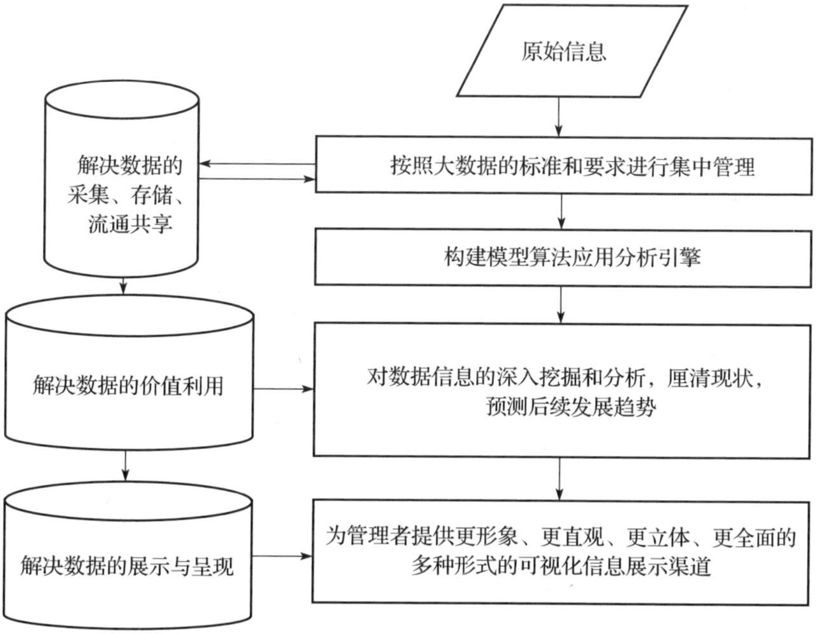

图 7-1　信息管理平台的架构

4. 大数据时代下信息管理平台的特征

大数据时代下，信息管理平台显示出以下四个特征。

一是信息保密技术日益完善。信息泄露现象一直是信息管理过程中普遍存在的问题。大数据时代下，大数据技术的变革和发展给信息管理的应用带来了新机遇。尤其是现阶段电子移动设备作为数据采集的重要载体，在进行信息管理时，大数据技术可以更有效地阻挡病毒和黑客的侵袭，在一定程度上减少了信息泄露的可能，极大地保护了信息的安全，从而促进了信息管理的发展。

二是信息存储能力得到提升。信息存储问题是信息管理中较为常见的问题，尤其在信息化产业快速发展的背景下，数据存储的科学性、合理性和有效性与否，在一定程度上对信息管理的发展具有更加重要的意义。大数据技术应用以来，信息管理平台具有更稳定的信息系统用以存储和分析数据，特别是在进行信息存储时，大数据技术完善了诸多系统漏洞及其他问题，使信息管理质量与预期管理目标之间的差距逐渐缩小。

三是实现区块链间的信任机制。随着大数据时代的来临，信息管理工作量和工作难度也在不断增加，传统技术的应用在一定程度上不仅难以取得预期的管理成效，甚至还极易导致其他问题的产生，最终给整体发展带来极为不利的影响。因此，如何有效地改善当前管理现状，利用各种大数据技术来进行改进是极为必要的。与传统数据处理技术相比，大数据技术的应用在提高信息管理水平的同时，还可通过控制信息管理平台体系对数据进行合理化分析和整合，在实现区块链之间的信任机制的同时，为可持续发展奠定良好的基础。

四是提升信息管理团队的技术水平。构建专业科学的信息管理团队在当前大数据时代下尤为重要，专业复合型人员供给不足是影响信息管理质量的重要因素。为从根本上规避上述问题的发生，提高人员选拔标准，构建专业的培训体系和绩效管理体系也是改善现阶段信息管理现状的重要战略手段之一。即在进行选拔过程中，需将人员专业能力、综合素养和计算机操作水平纳入考核范围，并定期或不定期地对聘用人员进行培训，从而在不断提高他们信息安全技术和管理能力的基础上，为专业科学信息管理团队的构建创造良好条件。

（二）大数据技术对信息管理应用的拓展

大数据技术的应用对提高信息管理效率有着至关重要的作用。在大数据环境下，数据的收集、分析效率大大提升。同时，大数据技术具有存储量大的特点，更加有利于对各类信息进行整合，提高数据信息的利用率。以下分别从宏观、中观和微观三个层面阐述大数据技术对信息管理应用的拓展。

1. 大数据技术在宏观信息管理层面的应用

大数据已经成为一种数字经济与知识经济的新型产业。关于大数据的科学价值与社会价值，正如牛津大学的维克托·迈尔·舍恩伯格教授所言主要表现为两大方面：一方面，对大数据的掌握程度可以转化为经济价值的来源。另一方面，大数据已经撼动了世界的方方面面，从商业科技到医疗、政府、教育、经济、人文及社会的其他各个领域。大数据的潜在经济价值很快在现实中表现出来。伦敦智库政策交易所宣布大数据每年能为英国政府节省 330 亿英镑；麦肯锡公司研究显示大数据的运用每年能为欧洲政府减少 1000 亿欧元的开支，并有效避免偷税漏税行为。因此，无论出于利益还是效率方面的考虑，各国政府对于大数据在宏观信息层面的管理都已提到议事日程上来。如美国政府提出的两亿美元的“大数据研究和发展计划”；中国工信部在物联网“十二五”规划中提出的与大数据密切相关的四项关键技术创新工程：信息感知技术、信息传输技术、信息安全技术、信息处理技术。由此可见，各国政府充分意识到大数据的潜在价值，试图从宏观上对信息结构进行合理的开发与应用。而在政府宏观信息管理范畴内较为重要的一个问题是“数据开放”，只有在保证数据透明开放的前提下，大数据的潜在价值才有被开发的可能。

以大数据在政务管理方面的应用为例，政府工作在电子政务方面的发展已经相对普及，但始终停留于低层次的初级水平。这不仅涉及政府的工作效率，更是对政府职能的一次叩问。而电子政务根本性转变的发生与 O’Reilly Media 公司联合创始人兼 CEO、被称为

Web2.0 之父的蒂姆·奥莱利有关，蒂姆·奥莱利在 Web 2.0 概念的基础上提出了政府 2.0。所谓政府 2.0 是指政府利用互联网上的多元信息平台，打造形成一个国民互动、共同创新的整合开放平台。以此保证与民众直接互动和沟通，从条块分割、封闭的架构迈向一个开放、协同、合作、互动的架构，使政府真正成为服务型政府。其基本特征是公开透明、互动沟通、开放创新、平台服务。大数据技术对于政府 2.0 及政府工作的推动无疑是革命性的，它最终推动了政府信息资源的公开化和有效利用，打破了政府与社会民众间的无形藩篱。

2. 大数据技术在中观信息管理层面的应用

大数据在中观信息管理层面的影响主要是通过对信息系统的管理完成的，主要应用于某一部门或某一区域的信息管理。比如大数据在公共事务管理方面的应用，在电子政务、医疗卫生、新闻通讯、教育管理、公共交通等部门领域内的事务管理，极大地提高了公共事务的处理效率，并为公共事务的管理建立了新秩序。

在中观信息管理层面的应用过程中，大数据能够在具体领域起到关键作用。比如，大数据对图书馆在信息数据获取与服务等方面提供的机遇与挑战；大数据在当前企业竞争情报系统管理方面的强大优势；大数据在城市交通管理体系建构中的积极作用；大数据在医疗方面能够有效预测流感的发生，并及时采取合理的治疗手段，保证社会医疗卫生安全，甚至对于电力通信、地理测绘等也能产生效能。大数据的积极影响已经深入社会生活的各个层面，并且已经开始影响人们的生活模式。

3. 大数据技术在微观信息管理层面的应用

大数据在微观信息管理层面的应用主要表现为对信息及信息资源的处理等方面，具体针对某类客户、某一问题的信息收集、整理、分析工作。例如，汽车导航、航海路线、设备维修、人员管理等微观事务的信息管理，能够切实解决现实生活中的具体问题。

大数据的这种微观信息管理在商业、经济领域的应用效果表现得最为突出，甚至很多企业正是以大数据的开发而闻名的。正如著名的O'Reilly Media公司预言的那样，"数据是下一个'Intel Inside'，未来属于将数据转换成产品的公司和人们"。其中，世界最早的大数据公司之一Farecast公司创建了一个相对稳定的预测系统，在对某一行业的数据进行合理分析的基础上，用以预测某类产业价格的升降趋势。比如，在机票价格、宾馆预订、二手车购买等方面，通过Farecast公司的预测系统可以发现它们价格的走势与增降幅度，且具有较高的命中率，从而帮助很多消费者节省大量开支。其后微软公司（Microsoft）、国际商用机器公司（IBM）、甲骨文公司（Oracle）、谷歌公司（Google）、亚马逊公司（Amazon）、Facebook等各大跨国巨头也都先后进入大数据领域，一方面推动着大数据处理技术快速发展，另一方面从大数据中获取巨额利润。比如，以图书销售为主要业务的亚马逊公司，采用了机器生成的个性化图书推荐系统，以此代替之前的书评家的个人评论与推荐，从而极大降低了投入成本，增长了销售量，并最终彻底改变了电子商务，使电子商务在今天得以全面普及。同时亚马逊公司与各大出版公司协商合作，使图书数据化的工程也取得了巨大的成功，将大数据的应用推向新的方向。无疑，在大数据技术的推动下，信息管理应用逐渐涉及最细微的个人决策领域，许多网商均开发了各种各样的信息决策系统（Cosumer Decision Support System，CDSS），包括价格比较引擎、搜索引擎、推荐系统等，用来帮助个人提高信息搜索效率，使人们的生活方式发生了巨大的变化，并成为不可逆转的一种趋势。

第四节　智能经济背景下的信息管理理论变革

智能经济背景下，人工智能（AI）不仅带来了技术领域的变革，更掀起了一场认知革命，从而引发了信息管理范式的变革。在技术驱动下，多样化和云端化的全新工作模式得以出现，机器人、自由工作者成为新型的职业形态，企业组织边界已然被打破，工作任务和企业组织正在被分离，平台性和开放性日益成为组织的主要特征。传统的基于有形物质商品的生产方式及商务规则正在逐步退出历史舞台，新的基于无形数字商品的生产方式及商务规则正在重塑商业世界。然而到目前，基于无形数字商品的商业逻辑、商务规则、商业实践、管理制度等还在发展的初期，尚有待研究者做进一步探讨。而上述这些要素的变化也将使信息管理学理论体系不得不做出适应性的调整和变革。

一、管理逻辑的变化

数字新技术所推动的数字新经济——智能经济，不仅是通过“业务数据化和数据业务化”改变了业务逻辑，同时也改变了管理逻辑。由前述研究可以看到，信息管理学的发展史是伴随着工业革命，基于实体产品、标准化、流水线、大型组织而形成的如何有效激励人的管理思想丛林体系。因此，在数字新经济时代——智能经济时代，业务数字化使数字化创意可以在物理实体产品之前率先完成数字产品成型，信息生产线变得比物理生产线更为重要，已然成为企业的核心竞争力。先进信息技术的赋能使工作更加高效，同时劳动力人数骤减，只需极少的人就可以完成过去需要大量人才能完成的工作。数字化业务的改变使组织决策可以在数据驱动下自动完成，决策过程更加透明和高效。数字化业务过程使组织更加扁平，管理层次大幅减少，管理幅度大大加宽。这种革命性的变化将导致未来的企业不需要特别大规模的人就可以调动足够的资源，完成组织功能。

技术的发展使信息管理者不得不做出适应性的改变。Min（2010）认为，在智能经济时代下“机器思维”取代“人类思维”，“信息”取代“资产”。基于大数据的智能信息系统可以使管理者在面对复杂的企业内外部环境下做出正确决策。一是从企业外部环境洞悉来看，企业利用 AI 可以实现业务流程自动化，并获得对外部市场信息的有效洞察。如企业应用 AI 技术可以进行更深入的数据分析，如识别数据模式、导出潜在变量、发现异常变动等，以帮助企业在不确定性高的情况下做出快速决策，包括预测行为和需求、处理信息不对称问题等，并且通过不断收集外部信息和反馈来逐渐改进和完善机器的自主学习过程。二是从企业内部管理来看，企业利用 AI 可以探测员工行为，实现有效管理并对可能带来的不可控行为做出及时预警。如采用文本挖掘算法实时分析员工电子邮件中的异常内容，以及时控制可能产生的对企业发展不利的员工行为（Hirsch，2018）；此外，还可以使用算法博弈论对业务决策进行压力测试，以确定它们是否包含导致潜在欺诈的不正当动机。在智能经济背景下，造成管理者做出适应性改变的主要原因在于以下两个方面。

一是组织关系的改变。在智能经济背景下，传统个体的价值崛起，以及新的个体——人工智能员工的出现，带来了个体与组织的关系的根本性改变。首先，对于传统个体而言，新数字技术让这一类个体充分拥有信息，拥有了更强的对话能力。如果说以往在个体与组织的关系中是以组织为主导，个体不太清楚自己要做什么，仅是服从于组织的，那么现在个体变强了，他们很清楚自己要做什么，也很清楚能做什么，他们与组织之间的关系不再是服从关系。智能经济时代下，在员工与企业的契约关系中更关注的是心理契约，而非以往的经济契约。此外，智能经济时代下的心理契约关系又和以往有着很大的不同。在新数字技术的冲击下员工和企业的关系已经从过去以组织期望为主的心理契约转变为以双方互动或个体期望为主。员工对企业的期望和自我的期望都比较高，他们不再致力于成为一个“组织人”，他们更想要成为自己想成为的人。在这种情况下，组织需要平衡好组织发展和个体发展之间的关系，既要赋能于个体，同时也要与个体实现共生。因此，在组织规模扩张中，如何让组织中的这类成员上下同欲，让组织成员能够发挥价值，打造组织的有效性，是企业管理者需要解决的问题。对于这类员工，行为科学理论因关注人的心理活动和其行为规律，并据此寻找激励员工的新方法和提高劳动效率的途径，被认为更加符合人类作为“社会人”属性的现实。然而，在智能经济背景下，员工既不是纯正意义上的“经济人”，更不是“社会人”。行为科学理论中提出的以人类心理需要和精神需求为中心的高层次激励手段即将失效，基于“以人为本”原则对员工的软约束价值在管理中的重要性也逐渐降低。其次，随着 AI 技术的发展，人工智能员工开始出现，它与人类员工特质的差异给企业管理理念带来了冲击。人工智能员工具有机械化和自动化的行为特征。它们可以基于科学设定自主执行工作，且可超长时间、超高效率地工作，甚至在高度精确算法下，无须人工控制监督（Złotowski 等，2017）。针对人工智能员工，科学化和标准化的管理方法更加适合用于对它们进行管理，传统科学管理理论所倡导的管理原则和手段更适合于这类员工。人工智能员工还具有信息化和智能化的行为特征。相比于人类员工，人工智能员工能够根据历史数据信息及对动态信息的收集，及时准确地做出判断和行为决策。因此，管理者要想利用人工智能员工来提高管理效率、做出科学决策就必须跟上人工智能发展的步伐，具备管理人工智能员工和协调员工与人工智能员工的关系的能力。在智能经济时代背景下，将会出现越来越多的人工智能员工，以“社会人”为中心的管理理论和管理手段的适用性降低，如何管理人工智能员工及协调员工与它们的关系将对管理者提出挑战。

二是组织生产力的改变。随着技术体验不断地跨越多种设备，互联网时代不能简单用桌面和移动来划分，一个新的技术世界，正在以云、边缘计算等方式表现出来，AI 驱动的数据分析对于用户体验的影响愈加明显。正如联想董事长兼 CEO 杨元庆在第五届联想创新科技大会开篇演讲里提到的：如果说，前两年我们还在努力打开“脑洞”，去想象智能化时代的美好未来的话；那么今天，我们可以断定未来已来，我们已经走进了一个由数据智能驱动产业变革的智能时代。如果说“数据”是智能化变革中的燃料，那么“计算力”则是智能化变革中的引擎。所谓算力，主要体现在两个方面：一方面，超级计算将提供空前强大的计算能力，高速处理海量数据；另一方面，整合了服务器、存储和网络能力的云计算数据中心及边缘计算传感器、路由器和微型服务器，将使计算力无处不在。如何理解超级计算机的运算能力，以我国的“神威·太湖之光”超级计算机为例，峰值运算性能为 12.5 亿亿次 / 秒，相当于 200 多万台普通电脑。在信息时代，超级计算机堪比国之重器，对国家安全、经济和社会发展具有举足轻重的意义。从核弹试验、飞机研发，到疾病筛查，超级计算机都能极大地提高其效率。如在对新型冠状病毒的研究中，中国联想公司就与英特尔合作为华大基因提供了大型超算集群，以超强的算力更高效地分析新型冠状病毒的基因组特性，从而缩短科研和临床观察的时间。显然，智能经济时代下的算力正在加速转化为智能时代新的生产力，为个人、企业和社会注入新的动能。从智能制造到智慧医疗，从智能交通到智慧教育，再到智慧政务、智慧工厂，AI 正在深切地改变着众多行业，显著提高企业的生产力，进而改变整个人类的生活方式。以智慧工厂为例，它是现代工厂信息化发展的新阶段，在数字化工厂的基础上，利用物联网的技术和设备监控技术加强信息管理和服务；清楚掌握产销流程、提高生产过程的可控性、减少生产线上人工的干预、即时正确地采集生产线数据，以及合理的生产计划编排与生产进度，并加上绿色智能的手段和智能系统等新兴技术于一体，构建一个高效节能的、绿色环保的、环境舒适的人性化工厂。智能生产力是 IBM“智慧地球”理念在制造业的实际应用的结果。位于德国小镇 Weiden 的一家工厂——BAM，是一家现代化精密制造工厂。面对传统制造业，该工厂创始人马可·鲍尔带领 BAM 公司独辟蹊径，致力于将实现自身精密生产加工专业知识与数字化、自动化基因融合。今天，我们已经可以看到在 BAM 公司的网站上，企业客户和个人均可在线直接订购组件。在上传定义所需组件的 3D CAD 数据之后，客户在 5 到 10 秒之内就会收到订单报价；确认订单后，即使是复杂组件，也可在 3 天之内送达。如此快速的定制化产品的生产来源于 BAM 管理者们从 Open Mind 公司引进的 hyperMILL CAM 解决方案。该公司管理者透露，通过使用 AI 中的特征技术、相关工序和宏数据库，hyperMILL 通过重复利用现有的加工知识可节省高达 80% 的时间。由此可见，与传统生产力相比，智能生产力呈现出智能性、强渗透性及全球性的特征。当然，智能生产力作为人类社会中的重要组成部分，作为一种新型的生产力形态，能否得到广泛推广，不仅需求管理者懂管理理论和管理艺术，还要求其掌握一定的智能技术。

二、管理决策的变化

古典决策理论基于“经济人”的假设，立足于“决策者完全理性、信息完全知晓、备选方案及其结果明确”等条件追求最优化的解决方案。但行为决策理论认为以有限理性的决策者代替完全理性的“经济人”更加符合管理实践，决策方案在选择过程中应当遵循的并不是“最大”或“最优”的标准，而是“满意”的标准。所以，“满意决策”逐渐替代“最优决策”成为管理决策的准则（Simon，1987）[①]。智能经济时代，管理决策准则被颠覆，随着AI技术逐步进入工程化、实用化阶段，管理决策思维正从“有限理性”和“满意即可”过渡到“极限理性”和“最优选择”。

首先，AI作为管理者的超级秘书，以计算机深度算法为基础，通过整合组织内外部数据、构建情景模拟等方式协助复杂问题的分析、推导和处理。AI通过完成复杂的逻辑思维过程，使管理者不再受限于知识、精力和时间的限制，并可以基于以往案例信息推导多种备选方案，辅助决策者做出更加科学合理的决策（Edwards等，2000）。

其次，AI还将使机器成为类似于人脑智能的计算机，模拟人的思维过程和智能行为，使计算机实现更高层次的应用，具有更强的分析和决策能力，提出前瞻性的决策方案。此时，人工智能员工

① 徐鹏，徐向艺. 人工智能时代企业管理变革的逻辑与分析框架［J］. 管理世界，2020（1）.

与人工智能技术组成的决策环境下的条件、信息和思维都是可控的，绝对理性的决策者和确定性的决策环境将使最优决策变为可能（Wilson 和 Daugherty，2018）。

如果说满意决策是人的有限理性和信息不充分、不对称条件下的无奈之举，那么 AI 的发展将极大地改变了上述约束条件，其庞大的信息处理能力和绝对理性的特征可以实现对数据更为科学的分析与整合，优化管理者的决策环境，突破人为因素下的生理局限，以最优决策为原则实施管理实践。

三、管理实践的变化

智能经济时代，信息管理学的重构在实践中已经开始。最大的出租车公司（Uber）没有出租车；最大的民宿（AirBnb）没有客房；最大的零售平台阿里巴巴没有货物；增长最快的电信公司（Skype）没有基础设施；最大的猎头公司（LinkedIn）是社交平台；全球最大的工程及矿山机械制造企业不再售卖重型设备，而是通过设备租赁及服务获得更多盈利。当然，即使上述公司的实践活动和以往已经发生了极大的不同，但管理实践的目标仍然是三个，即效率、效果和效益。其中效率目标追求的是“正确地做事”，反映单位时间内完成的工作量；效果目标追求的是“做正确的事”，反映了所从事的工作与活动和组织的发展愿景及经营使命的契合程度；效益是效率和效果的最终检验标准，反映了投入产出的高效性。目前，AI 技术对组织经营效率的作用在管理实践中已经得到了肯定。然而，效率只是指向单位的单独利益，效果则更加强调与单位相关的全体利益相关者的利益。AI 在提高组织效率的同时对效果的影响更加复杂，即带来了对管理伦理的冲击。由于 AI 使传统模式的主体、算法、规则等边界出现变化，因此需要重新以法律和道德进行规范，即管理伦理。所谓管理伦理，指的是企业在经营中主动履行对投资者、员工、顾客、政府和社会等利益相关者的义务和责任，以使管理与社会道德规范高度契合。

一方面，管理智能化在某种程度上是对传统管理人性化的挑战。2019 年 4 月，国内媒体报道了“某市环卫部门通过配发智能手环或智能手机监督环卫工人的工作状态”的新闻，引发巨大争议。虽然此举可以提升管理效率，但因为失去了管理的人性化而难以被人们接受。效率管理学的核心目标是“提高效率、降低成本”，而管理伦理学的核心目标则是“行为善意”与“公平正当”，所以，管理效率与管理伦理在本质上就存在不一致性。随着人工智能在企业中的普及和应用，企业管理效率大幅提升，如果管理者素质或者企业内部管理制度跟不上，一味通过管理手段智能化追求管理效率的提升，并不符合管理伦理的要求。所以，要想实现管理手段的智能化，企业管理者必须了解哪些技术执行哪些类型的任务、每种技术的优势和局限性，以及可能带来的管理伦理问题（Davenport 和 Ronanki，2018）。管理人性化、制度严格化和手段智能化三者如何共存并有机融合，是每个企业和每个管理者面临的挑战。

另一方面，管理智能化是对管理原则的挑战。伴随着 AI 的广泛应用，智能机器人无端伤人和自动驾驶汽车发生车祸等不安全事件不断发生，由此引起人们对责任属于生产者还是使用者等问题的争论。反观与人工智能相关的约束性政策法规却仍存在空白。人工智能的特征决定了其不只是一种单纯的工具，这就使原有的管理原则适应性降低，而领导者也不能及时有效地提出新的管理原则，从而导致人工智能使用的责任机制、风险机制缺失。

基于上述问题，2019 年 6 月我国出台了《新一代人工智能治理原则》，2019 年 2 月美国出台了《美国人工智能倡议》，但总体上仍未建立像“基因科学”那样规范的、健全的和及时性强的约束机制。虽然当前针对人工智能发展伦理的多层次约束机制尚未完全建立，但随着 AI 在信息管理中的广泛应用，自适应的信息管理机制已然发生变革。

第五节 智能经济背景下的信息管理机制变革

在大数据时代背景下，随着信息管理主体和信息管理对象的变化，信息管理内涵被赋予了新的意义。与此同时，信息管理思维必须做出变革，以适应更新更广的信息管理应用领域。然而，当信息管理者在实践应用时，却仍然面临诸多操作层面上的问题，其原因主要在于信息管理的实现机制并没有伴随管理思维做出同步的变革，致使理论和实践出现较大偏差。所谓机制，简单来说就是各要素之间的结构关系和运行方式。从管理学角度来看，机制是指在（管理）事物的运动过程中，主导方与被主导方为达成某种目的相互之间确立的一种相互作用的机理或规则。它是协调和维系信息管理主体和信息管理对象的重要内容。可以说，没有好的机制，再优秀的管理者，再好的管理思维也难以推进和实现。本节将分别从机制创新和机制评价两方面探讨新时代背景下的信息管理机制变革。

一、信息管理机制创新

当代著名的管理理论家明茨伯格指出，21 世纪企业成功的关键在于机制创新。从企业层面来看，组织内部机制共分四大类，即牵引类机制、约束类机制、激励类机制与竞争类机制。在机制管理思想的指引下，通过上述四大类机制可以派生出渗透到管理领域中各个方面的机制创新，最终通过这些机制创新实现组织内部的公平与效率。当今大多著名的企业，如GE、戴尔、沃尔玛、三星等都是机制创新的典范。可以说，机制创新是信息管理发展的助力器，尤其是在大数据时代，传统的管理思想与方式在推动经济发展与企业成长方面已经出现了不灵和失灵的状态，机制创新可以为信息管理的主体实施者开辟一条通向胜利彼岸的新航道。

原则上来说，创新机制的构建是一项系统工程，它包括创新的动力机制、运行机制、发展机制，这三大机制共同构成了信息管理创新机制体系，成为政府、企业，甚至是个人创新有效运作的基本要素。

（一）创新动力机制

在数字化革命的大背景下，无论是对于政府、企业还是个人，管理创新的重要性不言而喻。事实上，大部分企业已经意识到必须进行信息管理创新，但是真正实践的却不多，其中一个重要原因就是企业缺乏信息管理创新的动力。因此，如何设计信息管理创新的动力机制是本部分需要阐释的内容。

1. 创新动力机制的概念

要了解信息管理创新动力机制的概念，首先需要对动力和机制这两个词的含义进行说明。动力一词，最早来源于拉丁语“potēre”，应用于自然科学领域，之后逐渐应用于社会科学领域，泛指推动物体前进的力量，具体到本书主要是指驱动事物发生和发展的因素的集合。机制一词，最早来源于希腊语“mēchan（é）”，本意为机器的构造及运行的基本原理。后来在经济社会系统中，机制被定义为系统中各种因素之间的互相联系、互相作用、结构功能及遵循运行规律之总和。结合上述两个定义，信息管理创新动力机制则主要是指信息管理创新系统在运行过程中，促使管理创新出现并推动管理创新发展的各种要素之间相互联系、相互作用、互动关系的总和。

2. 创新动力机制的特点

基于信息管理创新动力机制的定义，其特点可以概括为以下几点。一是系统性。信息管理创新的各种动力要素之间相互联系、相互制约、相互作用，这些要素构成了一个有机系统。信息管理创新动力机制的形成和发展需要依靠各个动力要素，同时也需要依靠这些要素之间的系统作用。二是整体性。中国古典哲学提倡“天人合一”，认为世界是一个统一的整体，只有通过整体认识整体，才能把握整体的内涵和外延。三是目的性。信息管理创新动力机制的目的在于形成强大的推动力，促进实施主体开展管理创新活动。为实现这一目的，各种动力要素要相互协调并具有相对一致的目的。四是动态性。信息管理创新动力要素是处于动态发展中而非一成不变的。因此，在信息管理创新发展的不同阶段，动力要素之间的相互作用及驱动力是不断变化的。

3. 创新动力机制的作用

信息管理创新的动力机制主要具有以下几个作用。一是驱动作用，主要是指推动实施主体（如企业、政府、个人）管理创新的各种内部和外部因素。这些因素彼此相互作用，共同促进实施主体管理创新的发生和发展，这也是信息管理创新动力机制的核心。二是选择作用，主要是指在信息管理创新过程的每一个时间段，管理创新的推动力和阻力都在发挥作用，从而形成终止、暂停、继续进行管理创新的动态调整，信息管理创新的动力机制会在实施主体对各种选择的比较中形成有利于管理创新的选择。三是强化作用，通过信息管理创新动力机制，实施主体开展管理创新的效果应当优于不进行管理创新的结果，因此，对于管理创新有正向强化的功能，促进管理创新活动不断向前发展。

4. 创新动力机制的内容

信息管理创新动力机制的内容主要包括推动信息管理创新的各种内部和外部因素。从外部因素来看，主要包括外部市场因素和政策因素。

一是外部市场因素。市场需求对于信息管理创新，尤其是对于企业的信息管理创新具有拉力作用。随着经济社会的发展和人民生活水平的提高，市场需求也随之不断发生变化，这成为拉动信息管理创新的重要因素。在市场经济条件下，商品供给和市场需求之间具有相互联系和相互制约的关系。在市场需求变化时，企业会为了生存与发展针对市场需求开展信息管理创新。如因生产要素稀缺导致的管理创新，就需要企业管理者对外部市场信息进行挖掘和分析，以发现新的市场机会，进而开发新产品、占领新市场；又或者是因市场竞争引致的创新，就需要企业管理者创新信息活动，创新投入强度和结构，提升科技人员的技术水平等，以获得企业持续的生存和发展。

二是政策因素。政府法规政策对于信息管理创新具有推力作用。无论是在西方资本主义国家还是在社会主义国家，政府法规及政策对于政府管理创新、企业管理创新均产生了重要作用。国家创新政策体系的完善和发展能够促进政府或企业成为管理创新的主体，为他们创新活动提供所需的资金支持及优惠税收政策扶持，使管理创新活动能够在较好的外部环境下实施。

从内部因素来看，主要包括技术因素和人力因素。

一是技术因素。在新时代下，大数据的产生和发展、各实施主体（国家、企业、个人）取胜的关键更多取决于自身的技术优势，而不仅仅是资金和资源优势。无论是国家、企业还是个人，信息管理创新既包括硬技术因素，也包括软技术因素。从企业这一实施主体来看，硬技术包括很多维度的内容，如生产技术、加工技术等，而本部分重点要讨论的则是企业信息管理的硬技术，即如何对信息资源和信息活动进行技术管理创新。新时代下，企业数字化生存和转型的目的在于利用新技术带来的机遇推动业务增长，这些技术覆盖了信息技术、金融技术、虚拟现实、无人驾驶、机器人、大数据机器学习等。这些技术会影响并重塑企业的整个生态系统，如员工、客户、供应商和合作伙伴。企业若要实现数字化转型，就需要利用技术改变当前的业务模式和流程，为业务模式增加新的收入来源，或者以更优的业务模式替代原有的模式。其中主要的技术创新表现在两个方面：一方面是消费体验的技术创新。数字化技术的发展，不仅将消费体验由线下推至线上，更将线上体验升级至全渠道体验。消费者对全渠道基本服务的需求越来越高，93% 的受访者在购买电子产品时会先进行线上体验，58% 的受访者表示期待虚拟现实（VR）体验服务，49% 的受访者表示希望提供在线定制产品的服务。然而，只有 12% 和 6% 的受访者曾经体验过 VR 和在线定制。另一方面是管控渠道的技术创新。数字化正在彻底改变企业联络客户的方式。比如，德国的供热系统制造商以前主要通过安装公司来推销自己的产品，现在他们可以通过统一的平台，把各种分散的服务与安装团队联结起来，从而颠覆这一模式。通过这个平台，这些公司可以为全国各地的客户提供供热系统。当然，目前仍然存在的问题是，如何开发一种有效的机制，对供热系统制造商、安装公司、平台搭建企业及参与企业在新的生态系统中开展协作进行管理，这意味着需要全渠道管理。另外，从政府这一实施主体来看，主要是如何搭建智慧政务信息系统。具体实现技术主要在于：其一，构建智慧政务用户需求识别模型，注重对用户群体需求的精确识别，提高有针对性的服务内容，提高智慧政务的管理水平。此外，通过对访问日志的挖掘，提炼用户在网站上的访问行为和模式，可以给智慧政务的建设和维护提供依据。其二，运用智慧政务公共服务场景导航理论模型，将政府业务事项和信息按照场景式服务的理念，设计服务导航。通过场景式服务要素的选择，引导用户实现对服务事项的定位，策划一站式、一体化的服务，设计人性化的场景导航式方案，以满足用户多样化、个性化的需求。

二是人力因素。企业的数字化生存和转型并不是那么顺畅，尤其是对于采用传统组织结构、生产与销售严格分工的大型企业而言；还有一个关键要素不可或缺，那就是数字化人才不足，因此，他们必须通过人才市场获取新的产品经理、软件工程师、大数据专家这样的稀有人才。此外，即使企业拥有了这样的人才，如何对他们进行有效的组织和管理，发挥他们的特长及协同合作的能力，仍是一个现实的问题。这需要管理者具备大数据思维的能力，如从传统的线性思维跳转至曲线思维，或者说是S曲线思维。该曲线指出，技术水平是关于研发资金投入的函数。而要向更先进技术转变，则需要跳跃到另一条曲线上，这意味着在初期阶段总会遭遇效率下降的情况。这一转变的初期现象使很多企业望而却步，最终那些不愿跳跃至新的S曲线的企业最终会遭遇失败。尽管在新的S曲线的下端，效率的提升比较缓慢，但曲线会突然急剧上升，最终突破并远远超越传统技术的水平。

总之，所有管理者都需要意识到在新时代下战略思维的重要性，并不断反思这些战略性的问题：竞争对手是否正在利用数字化带来的机遇，并主动提出新的价值主张？在传统行业之间的交界地带是否出现了新的利润空间？如何构建新的生态体系、新的业务框架，以及新的技术基础？

（二）创新运行机制

在信息管理的创新机制中，运行机制是主体机制。所谓运行机制，是指在人类社会有规律的运动中，影响这种运动的各因素的结构、功能及其相互关系，以及这些因素产生影响、发挥功能的作用过程、作用原理及其运行方式。信息管理运行机制则更侧重于从信息管理的视角探讨运行机制的实现路径。无论是政府还是企业，它们的生存和发展都应有其内在规律和运行方式，而运行机制产生的意义就在于有效引导和制约政府或企业经营决策者，协调好管理过程中出现的与人、财、物相关的各项活动，即信息活动。具体内容包括设计出保障信息活动运行畅通的制度或准则。从企业层面来看，企业运行机制是企业的经营系统、技术创新系统、财务系统等运行过程中各环节内部及各环节之间本质的、内在的相互关联、相互制约的工作方式的总和。从政府层面来看，它是保证社会各项工作的目标和任务真正实现的一套运行系统。因此，本书认为运行机制主要包括两方面内容，即保障机制和调节机制。

1. 保障机制

从政府层面来看，要保证政务信息的有效运行，最为重要的是重视智慧政务的信息安全，建立用户信息保护机制。这是保障创新运行的重要基础。新时代下，随着大数据、云计算、移动互联网、物联网等新兴信息技术在智慧政务领域的广泛应用，数据正以前所未有的速度不断增长和积累，信息已经渗透到社会生活的每个角落，与各个领域的结合日益密切。由于互联网已经深入社会生活的方方面面，每个社会主体都时刻面临着信息安全和用户信息泄露的威胁。智慧政务信息安全管理机制和用户信息保护政策需要根据情况的变化不断进行调整和改进。因此，有必要拓展和深化智慧政务信息安全在新的技术环境下的保障机制，提出并深入论证加强智慧政务信息安全管理和用户信息保护的必要性、紧迫性、现实性。

尤其是在新时代背景下，如何设计出相适应的法律法规制度和管理规范标准具有重要的价值。具体来看，“十四五”时期，不仅要完善政府服务数字化建设，还有一个重要的议题在于推进全国机关事务信息化建设。当前，行政事务面临着新的发展机遇和挑战，要进一步立足新发展阶段、贯彻新发展理念、构建新发展格局，就需要从战略高度谋划政务运行保障的数字化建设，建立科学有效的运行机制。具体内容可包括：一是统筹推进全国机关事务信息化建设。机关事务涉及跨层级、跨部门、跨业务的统筹管理和服务，这要求机关事务信息化建设方案必须从一开始就要做好系统规划，综合考虑数据、算法、算力和应用平台等各部分的有机整合，同时充分挖掘应用场景需求，以点带面、由面及点，走出一条敏捷化、个性化、生态化的技术集成之路。二是健全机关事务信息化标准体系。制定以服务驱动和技术支撑为主线的《机关事务信息化建设指南》，提出数字化解决路径和操作方法，为构建统一、规范、多级联动的机关运行数字化管理和服务体系提供保障。制定涵盖国有资产管理、公务用车管理、公共机构节能、后勤保障、机关运行成本控制等业务的《机关事务信息化基础数据规范》，为机关事务数据资源的共享与交换提供有力支撑。制定《机关事务云接入管理规范》，为机关事务管理应用系统统一接入提供统一的技术标准支撑。三是构建全国机关事务一体化平台，包括构建系统高效的协同办公系统，打破部门间的“数据壁垒”，实现数据的互通共享，推动办公协同、信息协同及应用协同，保证信息之间的无阻碍链接，以解决信息孤岛、信息结构化不足等问题。国内外的经验表明，机关事务数字化建设的内涵外延正在发生重大变化，已从过去的“业务驱动”模式逐渐转变为“供给与需求双轮驱动”模式。“业务驱动”模式是在既定的业务流程框架下，探索技术应用的可能性和效用。通常以管理者为主，往往会导致各部门业务系统相互分立、数据“割据”。“供给与需求双轮驱动”模式则是从机关事务现代化建设需要出发，以服务对象为中心，深化供给侧结构性改革，重塑业务流程，以管理效率的提升推动服务水平的提升。

2. 调节机制

调节指的是根据内外部条件的变化，组织基于一定规则和模式不断调整自身行为以适应新的形势。无论是国家发展，还是企业发展都不是一帆风顺的，而是一个不断适应空间环境变化的复杂适应系统工程。复杂适应系统中的适应性主体与其他主体在系统中产生交互机制，推动经济总体呈现差异化、螺旋式上升的发展态势。信息管理的调节机制指的是在信息管理过程中，利用一定的方法和不同的协调手段，对各实施主体的信息活动施加影响，以实现规划中所规定目标的一种机制。信息管理调节机制是一种主体内部无处不在的机制，也是流通主体的执行机制，贯穿于整个信息流通过程的始终。对于政府、企业，甚至个人而言，从相对封闭和彼此孤立的环境演进到相对开放和彼此融合的数字化环境，都会受到信息生态程度的影响，它们之间所形成的相互协同的信息生态结构，也将随着外部环境和内部结构的变化进行调整，因此需要建立快速的多通道信息反馈数字系统。根据系统的反馈原理，反馈控制系统可分为负反馈控制系统、正反馈控制系统。

一是信息负反馈控制系统。当一个系统的活动处于某种平衡或稳定状态时，如果因某种外界因素使该系统的受控部分活动增多，则该系统原先的平衡或稳定状态遭受破坏。在存在负反馈控制机制的情况下，如果受控部分的活动增多，可通过相应的感受装置将这个信息反馈给控制部分；控制部分经分析后，发出指令使受控部分的活动减少，向原先的平衡状态的方向转变，甚至完全恢复到原先的平衡状态。反之，如果受控部分的活动过少，则可以通过负反馈机制使其活动增多，结果也是向原先平衡状态的方向恢复。所以，负反馈控制系统的作用是使系统的活动保持稳定。在信息管理的调节机制设计中，主要就是依赖负反馈，即输出对原有输入进行优化调整。

二是信息正反馈控制系统。在正反馈的情况下，受控部分的活动如果增多，通过感受装置将此信息反馈至控制部分，控制部分再发出指令，使受控部分的活动更多，如此循环往复，使整个系统处于再生状态。可见，正反馈控制的特性不是维持系统的稳态或平衡，而是破坏原先的平衡状态。

（三）创新发展机制

创新发展机制，指的是在创新效益的驱动下，加强人才、技术、资金、信息等资源储备，实现政府、企业的可持续发展，以及个人的全面发展。当然，发展机制本身就是一个随社会发展而不断升级和完善的过程。在新时代下，基于企业信息管理的创新发展机制，就需要建立技术基础、组织架构和企业文化。

一是夯实数字化的技术基础。速度快是数字化时代的标志。从企业层面来看，快速开发产品、缩短生产周期、快速变革是大多数传统企业面临的挑战。为了实现这些目标，企业就需要建立自己的双速 IT 架构，包括用于极少需要干预的稳定职能的稳健 IT 系统，以及适用于任何需要快速进行数字化的各项事务的敏捷 IT 系统。此外，由于数据失窃可能会危及企业的成功，也需要夯实网络安全和数据保护技术。首先，双速 IT 架构能够帮助企业灵活应对数字化时代的业务变革与创新。所谓双速 IT 架构指的是两个并行的 IT 体系。

其中一个体系是敏捷IT，往往用于诸如电商App、会员体系、在线服务等面向客户的前端系统开发和维护，追求敏捷快速、随需应变。各种数据的查询、计算及处理等应用逻辑经由敏捷开发形成一个个可独立维护更新的服务，并视业务逻辑需要组成更复杂的业务流程，供不同客户渠道调用（App、官网、合作伙伴系统等）。另一个体系则是传统IT，通常用于诸如ERP、供应链管理等偏后台的核心系统的开发和维护，注重稳定和成本控制。两个体系之间的数据交换等交互往往借助一个集成的中间件平台，采用松耦合的方式实现。

二是建立有效的组织架构。选择合适的组织原型，搭建数字化卓越中心（COE）。不同类型的企业需要不同的数据组织部门实现敏捷的用例开发与落地。常见的有两类：一类是分散式组织部门，即"赋能一线模式"——数据负责部门主要分散在各个业务部门内部，对业务数据负责，与业务人员高效协作；另外，有小型的首席数据官（CDO）部门在整个组织内部起到促进和协调的作用。这种架构较适合自下而上进行创新的科技类公司。另一类是集中式数据组织部门，即统筹管理模式——CDO配备了一支大型的数据运营团队，负责企业层的数据治理与统筹开发。此外，各个业务部门还有少量的数据组织，负责管理业务数据。这种架构简化了数据访问权限，有助于提升企业数据质量，较适合业务协同性高并需要统一管控的大型企业。

三是重塑数字化企业文化。管理学家彼得·德鲁克曾说过："企业文化可以把战略当成早餐吃掉。"德鲁克并非不重视企业战略，而是以这样的比喻突出企业文化的重要性。在企业的数字化过程中，企业文化更是发挥着前所未有的作用：如果传统企业继续奉行原有的文化而不做任何改变，数字化转型会被原有的企业惯性拉回既定的轨道。那么，如何通过文化变革巩固数字化转型的成果至关重要。从传统的视角来看，人们在衡量企业发展状态时，更多以“硬件”为标准，即企业的业绩等。但在数字化时代，我们应将目光更多地投向阻碍企业变革的主要问题——“软件”上，即企业的健康度，它代表这一个组织是否具有达成共识、高效执行和自我更新的能力。为了实现企业健康度的提升，需要实施统一的、结构化的、深入的文化变革，才能让企业在稳定的状态中得到良性发展。此外，还需要建立适用于数字化转型的考核制度——OKR（目标和关键成果）。OKR 指的是在组织内部对目标和结果进行设定、沟通和落实的系统化方法。顾名思义，OKR 的核心要素在于目标和关键成果。在目标方面，它要求简洁、定性，具有可行性、尽可能地独立呈现，且对于最终结果一目了然。在关键成果方面，要求可量化、可清晰评估、指标和具体产出具有明确的实现方法，且目标是确保可以达成的。一个标准的 OKR 包括四大变量，即维度、维度目标、关键结果和结果目标。以某服务型数字化企业为例，维度是组织文化，维度目标是提升内部员工的参与度，关键结果是提升内部员工平均满意度评分，结果目标是每周平均满意度评分不低于 4.8。这里需要说明的是，OKR 与传统的 KPI（关键绩效指标）制度有着明显的不同。OKR 旨在形成一个总体的目标管理系统，而 KPI 更多关注的是规划和执行过程中的衡量指标。具体来说，OKR 是在某一目标背景下确立的，定位于增强团队间的统一协调，是由下至上产生的，并非公司高层的直接指令，而且其过程和结果均透明化，每个人都能够看到。而 KPI 指标的制定不一定基于某个目标背景，也并没有强调组织统一协调的宗旨，通常是自上而下的分配，且不具有透明度。另外，KPI 将取得的成绩与薪酬直接挂钩，而 OKR 则弱化了这项联系。更准确地说，OKR 只是作为薪酬结构一部分的一项绩效指标，而不是一个总体的薪酬评级系统。总之，OKR 确实能为组织带来益处。这些益处不仅适用于初创型的数字化企业，也适用于大型数字化公司，以及正在进行数字化转型的传统公司。OKR 不仅能让企业的业务更加聚焦，在目标上重点关注业务结果，强化团队协作，并让团队获得更大的自主权。最为重要的是，OKR 能让组织变得更敏捷，支持快速调整，更好地适应变化，降低企业在面临数字化冲击时所要承担的风险。

二、信息管理机制评价

伴随着信息供应商、生产商、产品和服务，以及越来越多可交易市场的产生，信息产业已经发展成一项独立的产业。随着有形产品和无形产品（如服务）的差异化和分层化不断凸显，以及信息定价策略、政策和标准的改进，信息价值逐渐摆脱初级的信息评价状况，被赋予了新的评价标准。尤其是在大数据时代背景下，面对海量且多“噪声”的信息，开展信息评价更是具有重大意义。本部分所指的信息评价并不仅仅针对信息价值本身进行评价，而是将信息价值与管理相联系，赋予信息在管理过程中新的价值和意义。换言之，在管理过程中管理主体能否充分发挥和运用信息以实现有效决策，本质上应属于信息管理机制研究的问题。在前文中，我们已经了解到所谓管理机制，指的是在管理事物的运动过程中，主导方与被主导方为达成某种目的相互之间所确立的一种相互作用的机理或规则。很显然，这一机理或规则在管理实践中运行得如何，需要给予正确的评价。

总体而言，整个管理过程涉及的所有活动都需要进行系统评价，具体包括规划、计划、信息处置等阶段。从信息管理的内涵来看，信息管理机制评价既包含对信息对象，即管理活动全过程的评价，也包含对信息主体的评价。该评价是一种针对信息效用和效益，广泛而有深度的评价活动，不仅评价主体、过程、实质性的结果，还评价产生结果的方法是否经济、高效。由于信息是在管理过程每个阶段都使用的资源，因此，信息管理机制评价在每个阶段都会起到重要作用。

（一）信息管理过程的评价

1. 针对规划的评价

信息管理过程的第一个步骤就是规划信息要求和用途，因此，信息管理机制评价首先就要看是否有规划。在复杂高成本的运营中，如果没有规划，信息要求和信息资源的审核、提高、整合和发展都会非常困难。有必要评价信息要求和资源是否合理可行，如果没有规划，管理主体对收集来的信息做何使用也会非常困难。

其次，备选方案评价也是计划链上的关键环节，选择满足信息要求的备选方案，能明显控制和减少成本。被评价的规划过程有另一个重要概念——“转换”，即出色的成本在计划链上会从一种因素转换为另一种因素。例如，政府机关要求商户填表，提供确切的信息，以备政府决策或执行计划所用，商户自己消化信息成本或转嫁给他的供货商、顾客、股东或他人。信息成本是否转换、转换到哪里、转换多少是信息规划过程的重要问题，这就需要在众多考量中做出优选方案。从短期来看，规划者应从全局角度选择对组织而言成本更小的方案；从长久来看，评价应提供组织聚焦于信息研究、信息建设和信息资源的方法。

在规划除了备选方案的评价外，还有其他满足信息需求的步骤需要仔细评价。例如，组织内部不同部门和分支机构信息需求的协调问题，解决政府和私企中的信息重叠、重复和冗余问题。信息从应用上看应是多目的的，能满足组织中的多种信息需要和用途，而不是只满足相对窄小、专用的目的。

2. 针对计划的评价

从管理过程的规划阶段到计划阶段，要强调基线的必要性。一旦建立初始的资源清单，就是建立了基线。从该点开始，资源的增加、删除和其他重要的改变都会更新资源清单基线。由于信息资源数量巨大、设计和利用复杂、利用者众多，组织可能不仅使用简单的清单，还会决定用更多的工具，像定位系统、数据库管理系统、信息管理系统和其他工具。

评价的步骤如下：

第一，确认和核实上级组织的目标和目的。

第二，确认所做的关键决定、方案结果及信息成果的产生。

第三，对多种方案实施“优选评价”，满足已经建立和得到认可的信息要求，帮助规划者建立和利用实用性的工作清单和指南。

第四，估算和厘清总成本。信息生命周期包括信息要求设计、信息收集、信息处理、信息利用和处置，在不同的阶段都要考虑每个备选方案产生的总成本。

第五，将期望达到的利益、价值与负担、成本进行衡量，选择一个可行的方案。

第六，利用和展示针对信息要求和资源、组织机构级别的综合规划。该规划与机构所有业务部门的信息需求紧密相关。在一些特定的部门，规划的目的是识别信息重叠、信息重复和信息鸿沟，而不是满足部门的信息需求。

3. 针对信息处置的评价

信息资源管理还有一个任务，即评价信息生命周期的最后阶段——信息处置。传统上这个工作归属于文件管理项目。管理者将不再利用的信息打包送到远处的文件仓库，直到最终销毁。很多时候文件的处置计划和方针不会将文件的信息再利用（或计算机数据库）考虑进来。也就是说，一旦信息进入处理系统，通常就不会再系统地考虑数据再利用的可能性。而信息处置的评价则相反，信息处置的评价分析应看组织是否有类似其他资源的再利用计划。

（二）信息管理主体的评价

按照信息管理组织性质的不同，信息管理主体评价可以分为政府机构的信息化评价、事业单位的信息化评价和企业的信息化评价。对于一个组织而言，除了组织整体的信息化评价外，有时因为需要或条件所限，还需要对个别（局部）信息化项目进行专门的评价。

1. 政府的信息化评价

政府信息化是以提高政府管理效率，满足社会公众对政府公共管理和公共服务的期望为目的，将政府管理工作、公共服务职能与信息技术、互联网技术、OA 技术等先进的信息科学技术相结合，改造政府管理和公共服务的传统工作方式。随着大数据的发展，政府为保证信息管理的先进性和决策的科学性，已经呈现将最先进的科学技术及手段运用于日常管理工作中的倾向。政府信息化评价的内容包括以下三个部分。

第一，政府的网站建设。政府网站最能够体现电子政务的后台应用系统、基础设施、安全系统及制度保障等各个要素的发展水平，它是电子政务建设的展示窗口。对于政府治理来说，大数据蕴藏着大价值。通过打造大数据施政平台，可将原本分散存储在不同部门、行业的数据，作为整体统一管理、整合共享。因此，政府网站建设的评价可以从政府网站资源下载功能、多浏览器兼容功能、信息交互功能是否健全、内容是否及时更新等方面展开。

第二，信息基础设施。政府的信息和通信基础建设是政府信息化建设的基础条件，电缆线、光纤及信息传输设施或工具，以及控制信息传输的软件组成了信息流通的“渠道”。从信息基础设施角度来看，评价的内容包括业务是否外包，管理软件是否统一，是否入区域网，是否接入外网，是否无纸化办公，政府数据采集系统是否定期完善。

第三，信息安全。信息安全是电子政务系统的免疫防御体系，保障着电子政府的生命。在大数据的迅猛发展下，电子政务在政府各部门中被广泛应用，但是政府机构也可能存在信息安全隐患，如信息泄露、门户网站防篡改和防 DOS 能力弱。因此，从信息安全角度出发进行评价，需要考察政府机构是否有健全的管理制度，是否采取病毒防控措施，防盗系统安装是否完善，是否实时监控网络情况等内容。

2. 企业的信息化评价

企业信息化是企业不断应用信息技术、深入开发和应用信息资源的过程。对企业信息化建设水平进行评价，是从企业引进信息技术的目的和战略出发，考察信息技术应用给企业经营和管理带来的影响。企业信息化评价的内容包括以下四个部分。

第一，信息设备的装备情况。企业信息设备的装备情况是评价企业信息化水平最基本的内容，如计算机、多媒体、传真机和电话等信息设备的装备，局域网、互联网的建设情况。

第二，信息技术应用的广度和深度。具体来说，从两个方面展示。从功能上看，考察管理系统的功能在多大程度和多大范围上得到了信息技术的支持；从性能上看，涉及技术先进性、可靠性、适用性、易维护性和用户界面等。在评价信息技术应用的广度和深度的过程中，要遵循动态性原则、层次性原则。随着企业信息化的进展，企业不断应用新的信息技术，相应的评价指标体系也要随之进行调整。而且，评价指标要有重点、分层次，以确保评价的质量。

第三，信息资源的开发和利用。企业信息系统的运行要靠信息资源的开发和利用来支持，在企业信息化水平的评价中必须要十分重视信息资源开发和利用情况的评价。从信息资源开发和利用的角度，可以评价信息系统的利用程度和企业的知识管理水平。在评价中可以从挖潜能力，信息的收集、加工和共享，数据库的开发等方面进行评价。

第四，信息化人才开发。人是企业信息化的重要组成部分，也是企业信息化的重要参与者。随着企业信息化的深入，员工积累了丰富的经验和教训，这是进一步推动企业信息化的基础。这方面，可以从企业信息专业技术人员的比例数、企业员工素质的提高和员工参与信息化的程度等方面来评定。

（三）信息管理结果的评价

由于 IT 所具有的渗透力、驱动力、高增值、高投入、高风险、收益无形性等特点，信息管理的结果将显示出间接性、长期性和互补性等特征。

间接性主要表现为信息管理的成效不能完全直接地体现在财务指标中。正如人们所研究的那样，信息化的作用主要是提高效率（加快资金周转、节省人力资源成本、增加战略价值等），间接地反映在成本下降、收入增加等方面。信息化管理创新主要增加的是非财务因素的隐形资产，包括社会资本和创新资本。信息化（网络化及 SCM、OA、CRM 等）使企业与企业之间的关系，企业内部部门之间的关系，以及企业与用户之间的关系等得到质的改善，产生了一种合作（非竞争）的网络效应。这是网络时代与非网络时代企业最大的不同，即信息化提高了协同竞争力或合作能力。另外，由于信息化所带来的响应能力和知识管理方面的进步，也促进了创新能力的提高。

长期性主要表现为信息化是一个随 IT 不断渗透、变化而持续进化的过程，信息化项目实施、技术与管理融合都需要时间，信息管理的成效具有一定的滞后性，所带来的不仅是短期利益，更多的是长远战略价值和潜力。

互补性主要表现为信息化的推进伴随着业务流程重组、管理变革、技术进步等变化，很难辨别哪些是由 IT 产生的效益。换言之，信息管理的成效是 IT 与管理交互作用的结果。

信息管理结果所具有的间接性、长期性和互补性等特征，使信息化评价变得复杂而艰难，但经过十多年的不断探索和实践，人们总结出了一些定性与定量相结合的评价方法，并应用于信息化评价中，取得了一定的成效。信息化评价逐渐成为组织信息化管理的日常例行工作。

（四）信息管理系统的评价及方法

1. 信息管理系统评价

即便是在大数据广泛融合的阶段，实施信息管理系统评价也是一个复杂的社会过程。评价目的、层次、时机不同，评价的重点内容也会有所不同。一般情况下，完整的信息管理系统评价可以从四个方面考虑，即系统的技术水平、系统性能、系统的管理效果和社会经济效益。

（1）系统的技术水平

对信息管理系统技术方面的评价主要是针对系统目标的实现程度、系统的先进性、系统的规范性、流程的可操作性四个方面进行评价。

一是系统目标的实现程度。通常指评价信息管理系统前期提出的规划目标、组织预定的各项社会或经济指标、战略规划的阶段性目标和总体目标的实现程度。

二是系统的先进性。通常指评价信息管理系统是否融入先进的科学管理知识，是否能为下一个系统的设计提供较强的适应性。

三是系统的规范性。通常指评价信息管理系统是否遵循相关的国际标准、国家标准和行业标准，文档资料是否齐全且规范。

四是流程的可操作性。通常指评价信息管理系统各功能之间是否平衡，数据处理和数据流入流出是否协调匹配。

（2）系统性能

对信息管理系统性能的评价主要是针对系统效率、可靠性、可维护性、可适应性、易用性和可移植性等方面进行评价。

一是系统效率。效率是指信息管理系统表现出来的与时间有关的特性，如数据周转时间、联机响应时间、数据处理速度、数据吞吐量等。

二是可靠性。信息管理系统的可靠性取决于系统软件、硬件的可靠性和数据可靠性，以及系统的安全保密性，可以从这些方面入手评价系统的可靠性。

三是可维护性。信息管理系统的可维护性是指设计与实施中发现错误并修正错误所需花费精力的大小。信息管理系统数据流程的简明性及规范性、系统的模块化程度等因素决定了系统的可维护性。

四是可适应性。信息管理系统的可适应性一方面是指系统适应运行环境的广泛性，能适应不同的硬件接口或操作系统；另一方面是系统能适应用户需求等客观因素变化的能力，以及系统的可扩充性，体现在性能和功能的可扩充性。

五是易用性。信息管理系统的易用性遵循“用户是上帝”的原则，系统应该具有友好的界面和简便快速的输入方法。新用户能在短时间内学会操作，老用户能快速完成操作。

六是可移植性。信息管理系统的可移植性是指现有系统通过很少的工作量就能移植到新的软件和硬件环境中去。

（3）系统的管理效果

信息管理系统的管理效果反映在组织管理水平的提高上，主要表现在以下五个方面。

一是提高市场竞争能力。提高市场竞争能力是指与先前的系统比较，评价实施新系统后，与同类组织在市场竞争力方面对比的优势，是否超越对手或领先程度增强。

二是提高管理效率。提高管理效率是指组织的生产效率、对市场变化的反应能力、决策水平是否得到提高。

三是节约成本。节约成本是指总成本与应用系统前相比是否下降，与同类组织相比是否领先。

四是提高服务质量。提高服务质量是指服务的快捷度、准确性、方便性、服务周期等质量指标是否得到显著提高。

五是提高顾客满意度。提高顾客满意度是指产品、服务等满足顾客多样化需求的提高程度。

除以上内容外，系统的管理效果还要考虑：基础数据是否完整和统一；领导、管理人员对系统的态度，信息系统的使用者对系统的态度和外部环境对系统的评价等。

（4）系统的社会经济效益

社会经济效益的评价包括有形效益评价和无形效益评价。一是有形效益。有形效益可以从系统费用、系统收益和投资回收期等经济指标进行考核，如通过将系统成本与效益进行比较分析，确定信息管理系统按货币指标的经济效益，如降低供应成本、减少生产或服务成本、增加利润、扩大市场份额等。有形效益通常用定量分析的方法评价。二是无形效益。无形效益的评价包括信息管理系统对组织形象的改观、对员工素质的提高所起的作用、对组织体制与组织结构的改革、对管理流程的优化所起的作用、对组织各部门间和人员间协作精神的加强所起的作用等。

2. 信息管理系统评价的主要方法

目前常用的评价方法有层次分析法、模糊综合评判法、多因素加权平均法、德尔菲法等。

（1）层次分析法

层次分析法是将一个决策问题分为多个目标或准则，再分多个目标或准则的若干层次，然后根据层次元素之间的影响关系和比重确定每个层次中元素对上一层次某元素的权重，最后通过逐层加权求和得到最终权重，此权重最大者即为最优决策。层次分析法是一种简单实用的决策方法，适用于目标多、准则多、时期多且结构化特性不明显的系统评价，但是层次分析法在指标过多时权重难以确定，而权重的确定直接影响最终决策或评价的结果，所以层次分析法在权重确定上存在一定的不足。

（2）模糊综合评判法

模糊综合评判法首先需要构建模糊综合评判指标，指标的构建涉猎广泛，考量全面，直接影响评判的准确性；其次，构建权重向量和评价矩阵，评价矩阵的建立需要选择合适的隶属函数；最后，根据合成因子进行计算合成，并对结果做出解释。模糊综合评判法将定性与定量结合，做到了对评价对象的多层次、多角度、全面的综合评价，使评价结果的可靠性得以提高。但是模糊综合评判法的指标体系难以涉及全面，这就可能导致最后结果的偏差。

（3）多因素加权平均法

多因素加权平均法是由清华大学侯炳辉教授提出的一种简单易用的综合评价方法。该法首先请专家对每个指标进行评判并打出一个权重值，根据专家权威性给出专家权重，由专家权重和专家给出的权重值求得该指标应有的权重。然后由专家对整个系统进行评价，对比指标体系中的标准，打出相应分值，最终求得该系统的得分。此方法简单通用，但是只能得出系统优良好坏，无法知道系统的各项各层次之间的联系和细节，在系统改进和优化上无法给出实质性的评价。

（4）德尔菲法

德尔菲法又称专家意见法，是由调查人员以函件的形式联系各个专家，将调查表发给他们，而他们之间互不认识，互不通信，互不讨论，他们只能和调查人员有接触，然后通过多次回收整理调查表，多轮次征询专家的意见，最后汇总趋于集中的专家意见，作为评判的结果。而其中专家的选择可以是多方面的，可以是用户，可以是技术人员或者各行各业的人士，集思广益，扬长避短，提高了评价的准确性。因此评判标准缺乏严格的科学分析，最终获得的一致意见仍可能带有一定随大流的主观性。

目前来看，信息管理系统评价在实践中仍存在诸多问题，具体问题如下。

一是信息管理系统评价的投入难以计算。信息管理系统的评价不同于普通的建筑工程项目的评价，它的费用和成本投资不是一次性的或者是对看得见、摸得着的硬件投资；信息管理系统的成本费用会有很多其他不明显的费用，如软件运行开发费用、软件维护费用，并且这些费用会随着时间的增长比例越来越大。二是信息管理系统评价产生效益的速度较慢。信息管理系统的效益评价较其他项目评价更加滞后，并且有很强的相关性和不明显性。信息管理系统在开发运行成功之后相当长的一段时间里看不到它能带来的效益，而且信息管理系统的效益大小跟开发人员和用户使用的技术水平有很大相关性。三是信息管理系统评价具有一定的复杂性。导致信息管理系统的成败因素有很多，不再仅仅是技术层面的评价，而是包括技术、组织、管理等多种因素结合的评价体系。

第六节　智能经济背景下的中国信息管理研究新领域

在智能经济背景下，大数据技术对信息管理理论、方法和应用均带来了极大的影响。随着信息管理主体和对象的变化，信息管理思维也产生了相应的变革，进而带来了管理逻辑、管理决策和管理实践的变化，信息管理机制得以被重新定义。

这既是机遇，也是挑战，一个崭新的信息管理时代已经来临，尚有诸多新的问题值得我们去研究，其中有些问题是原来已有的延伸和拓展，而有些问题则是大数据技术所引发的新问题。但无论是什么样的问题，都有待于研究者做出持续的努力、思考和探索，这既是一种使命，也是一种担当。结合中国的管理实际，有必要围绕信息管理学科新的发展方向进行探究。

任何一个学科的发展都可能是多维度的，但每个学科有着各自独特的发展模式，也遵循着其独有的发展规律。根据前文对信息管理思想史的规律性研究，下面将基于智能经济背景，分别从个人信息管理研究、企业信息管理研究、国家信息管理研究三个发展方向进行新思考。

一、个人信息管理研究新领域

大数据技术对个人信息管理应用的改变是最为明显的。这里主要可分为两个方面，一方面是个人作为主体层面的研究，另一方面是个人作为客体层面的研究。

（一）个人主体层面——个体信息安全研究

所谓从个人主体层面研究，指的是个体作为信息的主体和所有者，如何有效地对信息进行组织和利用。传统个人信息管理研究主要聚焦于讨论个人在信息检索方面的应用性研究，而在智能经济背景下，个人信息虽然属于信息主体个人所有，但其有权决定是否公之于众。同时，个人信息会在实践中被广泛使用，如办理银行卡时的身份信息、注册邮箱时的手机号码等。因此，在个人信息保护问题上，对于个人信息合理使用的方式及界限成为未来个人信息管理研究的新方向。未来，有关于个人信息安全的技术保障研究、个人信息安全的制度保障研究，甚至在如何保障个人信息安全基础上的信息分享研究都将是重要的研究方向。如联合国欧洲经济委员会于2014年发布的《微观数据使用与统计保密管理原则指南》（*Managing Statistical Confidentiality and Microdata Access: Principles and Guidelines of Good Practice*，以下简称《指南》），就向中国传递了一个信息，即如何规范地开放微观数据使用，同时最大限度地保护个体信息的隐私，特别是严格限制个体身份识别信息的泄露，成为当前研究者亟须探讨的重要课题。

（二）个人客体层面——用户信息使用行为研究

所谓从个人客体层面研究，指的是个体作为信息的使用方，即个体作为用户时，对用户的信息行为进行研究。目前，信息行为研究随着大数据的发展呈现新的研究范式，学者不断地拓展信息行为研究的边界①；不仅关注的用户群体更加的广泛，而且研究的环境和

① Case D，Given L. Looking for Information：A Survey of Research on Information Seeking, Needs, and Behavior［M］. 4th Edition. Bradford: Emerald, 2016.

情境也得到了延伸和拓展；关注的信息行为类型更加丰富和多元化，基于用户行为的数据挖掘正在逐步突破传统的信息行为研究的难题，深入对动机研究、行为预测及建模，成为用户行为研究的重要发展方向。此外，与健康信息的相关研究也逐渐成为被关注的研究领域，融合具体场景的案例研究日益引起重视，同时跨学科融合的趋势更加凸显，具体研究方向主要包括在研究对象、研究情境、研究内容等方面的拓展。

1. 研究对象——新的用户群体研究

未来研究将突破传统的以学生和科研人员为主要研究人群的固有模式，更多地关注涵盖各种身份、职业、年龄等的网络用户群体，老年人、农民等相对弱势的群体获得了更多的关注。不断延伸的用户群体，拓展了信息行为的研究领域，使该领域的研究更紧密地结合当前社会发展的需要，成为不断改善不同用户群体信息行为能力的重要推动力量。

2. 研究情境——新的数字网络环境研究

一方面，大数据技术和网络移动技术发展下的情境成为信息行为研究的新视域，具体包括针对虚拟社区、微博、微信等社交媒体、学术交流平台、电商网站等情境下的用户信息行为研究。另一方面，社交媒体也逐渐成为最受关注的用户信息行为研究情境。未来研究包括揭示用户在社交媒体情境中的信息搜寻、分享、转发、规避、倦怠、焦虑等行为和心理特征。

3. 研究内容——新的用户信息行为研究

过去很长一段时间内，信息搜寻行为是信息行为研究最主要的行为类型。未来随着数字技术和网络技术的快速发展，用户表现出更加多样化的信息行为，包括信息分享行为、信息采纳行为、系统持续使用行为、各种消极信息行为等，多元化的信息行为类型探讨拓展了传统信息行为研究的边界，丰富了信息行为研究的内容。

4. 研究领域——健康信息行为研究

在“大健康”观念的推动下，与健康信息的相关研究成为信息行为研究领域的重要课题。未来研究将进一步关注健康信息的质量，公民健康信息素养，老年人、病患及弱势群体健康信息需求和行为等，尤其是在大数据技术和网络技术的发展下，将会出现更多基于在线健康医疗平台所展开的健康信息需求、健康信息搜寻特征和模式等方面的研究，尤其是对一些特殊人群（如备孕女性、三高群体）等。

5. 研究方法——数据挖掘信息研究

基于用户行为的数据挖掘正在逐步突破传统的信息行为研究的难题，深入对动机研究、行为预测及建模，成为未来用户行为研究的重要发展方向，尤其是向基于产品类别的会话特征分析、产品搜索的多任务研究、基于会话特征及人口统计学特征数据的客户细分、移动电子商务的产品搜索等方面的发展。

二、企业信息管理研究新领域

企业信息管理研究新领域主要从信息组织与知识发现研究、知识专利研究两个方向进行拓展。

（一）信息组织与知识发现研究新方向

信息组织是大数据时代信息管理中最重要的环节，且大数据时代海量数据的聚集和非结构化等特征对信息组织与知识发现方面的挑战和难度越来越凸显。对于企业而言，如何对这些多来源、多类型的数据进行有效的组织和发现成为当前及未来很长一段时间关注的一个重要的研究方向，具体包括以下几个方向。

1. 企业知识管理体系构建及评价研究

企业知识管理的有效实施，应当建立在一个行之有效的知识管理体系基础之上，尤其是在智能经济时代背景下，面对企业知识发现与整合难度大、知识创新效率低等问题，构建符合企业特征的知识管理体系，使之变得明朗，实现精细和精准化，从而用来指导组织知识发现、积累、应用、共享与创新等活动，具有重要的实践价值。

2. 知识发现研究

在智能经济背景下，作为直接参与问题解决和决策的知识服务，需要有效地在多源异构数据中发现深层次的知识。大数据催生了从数据中挖掘和发现知识的新需求，企业不再渴求数据的知识化过程，而是以问题为导向寻找数据，即直接用数据解决问题，试图通过有效的方法，对当前内容和多维度的关联融合进行知识发现[①]。这成为当前研究者关注的一个重要方向。知识发现是连接数据和发明创新的枢纽，目标是将处理数据的信息技术能力和创新能力进行有机结合。现有知识发现研究既包含面向结构化数据的发现，也包含面向非结构化数据的知识发现。未来研究的重点在于面向非结构化数据的知识发现，既包括面向相关文献的知识发现，也包括面向非相关文献的知识发现，是典型的面向非结构化数据（全文本）的知识发现；既利用文献之间的关联（文献、主题词、作者等外部特征）发掘潜在关联与隐性关联，又深入内容文本发现潜在知识，实现领域与领域间的知识传递，帮助研究者通过挖掘到的尚未被发现的知识进行初步假设，辅助支持潜在的科学新发现[②]。知识服务不仅需要了

① 谭晓，李辉，等. 基于多维数据知识内容和关联深层融合的知识发现研究综述[J]. 科技情报研究，2021（4）.

② 胡正银，刘蕾蕾，代冰，等. 基于领域知识图谱的生命医学学科知识发现探析[J]. 数据分析与知识发现，2020（11）.

解问题所在的领域知识，还需要通过融合背景知识和相关问题的隐性知识来深度理解问题，才能为企业管理者提供蕴含深层含义、意图的智慧，提升用户解决问题的能力。知识发现作为交叉研究领域，研究越来越深入对象的内容，单元颗粒度越来越细，作为支撑知识发现的技术和方法也更为智能。但是目前在数据驱动下的知识发现对于问题的解决还有限，未来还有必要在多源异构数据的融通、结果的可解释性及通用的发现标准方面倾注更多的研究，以增强对于因果关系发现及知识发现的稳定性；而这些研究显然需要将传统的知识发现方法与计算机技术及人工智能技术相结合，才能进行更为科学有效的知识发现。

（二）知识专利研究新方向

大规模的数据整理充分利用巨大的信息资源，无法绕开的研究主题是知识专利研究。专利文献信息对社会各领域都有着重要的作用，如何有效发挥权利保护和信息披露的功能及由载体所产生的功能延伸，如何利用定量的方法将专利文献的信息指标化、可视化以作为企业和国家战略决策的手段，成为极具实践意义的研究课题，具体研究方向可包括专利制度研究、专利（权）和专利文献研究、专利计量相关研究及专利功能分析。尤其是专利功能分析研究，未来研究者将关注于专利信息共享与扩散的途径分析，对专利信息流动的时间轨迹、地理途径等进行定量描述，重点关注如何将专利转化为企业的竞争优势，最终实现真正意义上的专利创新和专利产业化。如张璇、王志红等[①]（2016）对1985—2015年汽车行业的专利数据进行分析，从这些专利数据的时间分布、国别分布、品牌分布、技术

① 张璇，王志红，等. 大数据时代的信息管理：为了一个更好的世界——第六届“变化世界中的信息管理国际研讨会”综述［J］. 图书馆论坛，2016（11）.

生命周期及在热门领域的技术应用等方面进行数量比较，全面分析专利持有者的竞争优势。

三、国家信息管理研究新领域

在智能经济时代下，信息化程度前所未有。如果说以往信息化指的是利用计算机来实现知识的创造和开发，那么大数据时代下的信息化则是指以现代通信、网络、数据库技术为基础，对数据进行采集，汇总至数据库，供特定人群生活、工作、学习、辅助决策等和人类息息相关的各种行为相结合的一种技术。换言之，就是将传统业务中的流程和数据通过信息系统采集处理，通过将技术应用于个别资源或流程以提高效率，同时实现信息的共享和有效利用。一方面，信息化技术的升级给人类社会和国家发展带来了诸多积极的变化；另一方面，它也引发了一些新的问题，其中重要的就是政府信息安全，这成为国家信息管理研究的重点方向。此外，政府绩效评价、政府服务也在大数据技术的推进下有了新的变化，也成为国家信息管理研究的新方向。

（一）政府信息安全研究

大数据技术和网络技术在给国家发展带来正面影响的同时，也进一步加剧了政府信息安全所面临的风险。尤其是近年来，我国政府泄密信息的数量呈现快速增长的趋势。大数据环境下，需统筹传统安全与非传统安全领域的国家安全与利益的保护，关注情报窃密手段的发展，拓展保密事项范围，强化对国家安全信息的保护，而其中最重要、最难处理的是对“敏感信息”的管理。无论是政府还是企业都会产生和处理大量不能列入传统国家秘密而又关系国家安全和利益的敏感信息，当前正面临着无法可依、无据可用的难题；尤其是政府管理层面更面临着敏感信息的管理与政策制定的难题。与此相对，我国学界对敏感信息的理论与应用研究偏弱，仅有国家保密局保密科研项目“中美保密管理职能研究：‘敏感信息’管理的视角”等极少数高校研究项目涉及，孙宝云等少数学者取得了为数不多的理论研究成果。然而，对“敏感信息”的认识和正确处理，在某种程度上决定着政府管理者捕捉、判断信息的能力。未来有必要研究将“敏感信息”从国家秘密中分离出来的规则或方法，以建立规范的“敏感信息”独立管理机制[①]。美国经多年推动和发展，已形成较为成熟的“敏感信息”或称“受控非保密信息”（CUI，Controlled Unclassified Information）保密管理制度，或可为我国政府在该领域的研究提供借鉴[②]。

（二）政府绩效管理研究

政府绩效管理及相关主题研究一直是学术界重点关注的内容。传统政府绩效管理因其评估内容有所偏颇、评估过程不够透明、评估方法不够合理等问题，带来诸多负面影响，曾使绩效管理的有效性受到质疑。随着大数据技术的发展，政府绩效管理有了新的方向。2015年国务院印发《促进大数据发展行动纲要》，明确提出“全面推进我国大数据发展和应用，加快建设数据强国”的目标。该纲要阐述大数据对国家的意义时重点提到“大数据成为提升政府治理能力的新途径”“通过高效采集、有效整合、深化应用政府数据和社会数据，提升政府决策和风险防范水平，提高社会治理的精准性和有效

① 孙宝云. 尽快将“敏感信息”从国家秘密中分离出来［J］. 兰台世界，2015（23）.

② 宋继伟. 总体国家安全观下的“敏感信息”管理机制刍议——美国经验借鉴［J］. 情报杂志，2018（8）.

性”。可见，大数据对政府提升治理能力有重要作用。未来研究主要集中于对政府绩效评价研究和政府绩效信息使用研究这两个方向。

1. 政府绩效评价研究

以量化为特征的评价体系和模型构建充分显示了大数据时代从不同表现形式的数据中挖掘有价值信息的特征，也为完善科学研究、信息分析和用户服务提供了客观规范和导向，尤其是将其应用于政府绩效评价研究中，其价值更是不可小觑。如张璇、王志红等（2016）将政府门户网站公众满意度结构模型中的结构变量转换为可以测量的观测变量，最后根据理论修正形成政府门户网站公众满意度测评模型，为改进政府门户网站建设提供参考①。

2. 政府绩效信息使用研究

绩效评价是绩效管理的工具和方法，评价目的和价值在于提高政府绩效。

而绩效信息又是绩效评估的重要成果，有助于提高未来的政府管理绩效。大数据技术能够提高绩效评估结果和信息的客观性、准确性及实用性，减少绩效数据使用偏差与低效率，真正发挥绩效评估工具性的价值和功能。绩效信息使用是政府有目的的主动行为，对该主题的研究主要有三方面的问题：谁使用、为什么使用、怎么样使用。也就是说，政府绩效信息使用主体、使用价值、使用方式和影响因素，以及面向大数据的绩效信息使用机制，都是该领域研究的重点方向。从大数据的视角构建绩效信息使用的分析框架，研究大数据技术在绩效信息使用中的作用机理，具有政府绩效管理的理论创新价值。潘迪认为，公共管理者是否把绩效评估的数据应用于政府管理过程，是绩效管理是否值得投入的最好的衡量指标。在

① 张璇，王志红，等. 大数据时代的信息管理：为了一个更好的世界——第六届“变化世界中的信息管理国际研讨会”综述［J］. 图书馆论坛，2016（11）.

政府绩效管理领域运用大数据，可以帮助政府部门对相关信息进行海量的挖掘、获取、处理和存储。同时，绩效信息的科学引入可以为政府决策分析提供强大的信息支持，最终为政府部门提供可信度高、操作性强的有效决策方案，降低政策失误风险，保障政策实施的可行性和有效性。绩效信息通过大数据技术的运用，能够成为政府决策的重要参考信息，帮助决策者优化决策方案，能更好地发挥信息潜在的重要价值[①]。

（三）政府管理服务研究

随着大数据技术的不断发展，数据呈现爆发式增长，并且逐步成为社会发展的重要资源。大数据的出现不仅为政府管理技术的革新提供了新途径，同时也促进了公共管理、公共服务等领域的改革；尤其是对于突发事件的应急管理，成为未来政府管理服务中重点关注的内容。智能经济时代下，随着大数据、云计算等技术在政府应急管理工作中驱动作用的日益增强，图书情报机构的情报服务能力得到了飞跃式的提升，其所能提供的情报服务越来越受到政府工作的重视，未来可将其视为提升应急管理能力的重要手段。研究面向政府应急管理的情报服务，推动图书情报机构形成更加完善的情报服务流程体系，将管理学、信息学、情报学理论融入政府应急管理实践，能够有效提升政府的应急管理能力，具有极大的理论价值和实践价值。

① 李富贵. 基于大数据技术的政府绩效信息使用研究［D］. 厦门：厦门大学，2018.

第七节　小结与评述

综观本章内容，智能经济背景下信息管理将有着极大的应用前景。本章重点围绕信息管理思想变革的时代背景，以及这一时代背景对信息管理所带来的一系列影响和变革，并重点就智能经济背景下信息管理学科发展的新方向和新领域进行了大笔墨的思考和探讨。

在新时代背景下，经济的发展、社会的变革和技术的革新将会使信息管理的对象和主体发生不同程度的变化，这些变化将会丰富信息管理的内涵，并推进信息管理思维、管理方式、管理理论的变革。此外，要使信息管理思维和信息管理方式在实践中可运行，信息管理机制的创新就显得尤为重要。创新机制的构建是一项系统工程，它包括创新的动力机制、运行机制和发展机制，这三大机制共同构成了信息管理创新机制体系，成为政府、企业，乃至个人创新有效运作的基本要素。同时，创新的机制是否科学可行，还有待于理论和实践的检验。从理论层面而言，有必要同时建立信息管理评价机制。信息管理评价机制从信息主体评价、信息过程评价和信息结果评价这三部分内容着手。信息主体评价主要包括对企业的信息化评价和对政府的信息化评价。在大数据广泛融合的阶段，实施信息管理过程评价是一个复杂的系统过程。整个管理过程涉及的所有活动都需要进行系统评价，具体包括规划、计划、信息处置等阶段。

不仅如此，由于IT所具有的渗透力、驱动力、高增值、高投入、高风险、收益无形性等特点，信息管理的结果将显示出间接性、长期性和互补性等特征，因此，在信息结果评价上还需要结合上述特征进行分析。在具体分析方法的应用上，本章提出可以采用层次分析法、模糊综合评判法、多因素加权平均法和德尔菲法等评价方法对信息管理机制进行科学评价。

在智能经济背景下，大数据技术和网络技术的快速发展为信息管理的发展带来了挑战和机遇。从本质上认识大数据，了解大数据环境下信息管理发展的现状、特点、作用和创新机制，能够促进信息管理思想和理论体系的快速发展。随着信息管理应用领域的拓展，信息管理研究也开始突破传统领域，有了新的发展方向，具体主要表现在个人信息管理、企业信息管理、政府信息管理三个层面的新发展上。在个人信息管理领域，将关注对个体信息安全研究、用户信息行为研究等方面；在企业信息管理领域，将关注对信息的组织发现研究、知识专利研究等方面；在政府信息管理领域，将关注政府信息安全研究、政府绩效管理研究、政府服务管理研究等方面。这些新的研究方向与以往研究最大的不同在于运用了大数据的新思维、新技术、新方法，并以新的视角开启了信息管理研究领域的新边界，拓展了信息管理新的研究对象、研究内容和研究模式。这不仅使信息管理理论体系得以进一步完善，同时还使信息管理方法体系得以拓展，更使信息管理应用深入个人、企业和国家的每一个层面，成为改变个体行为、企业行为和国家战略的重要推动力。未来，随着技术的发展变化、需求的拓展、环境的变化，信息管理学科还将继续发展，并致力于解决中国社会各层面的现实问题，提高政治管理和科学管理效率。

参考文献

［1］埃夫拉伊姆·图尔班. 管理信息技术［M］. 赵苹，曹晓，译. 北京：中国人民大学出版社，2009.

［2］彼得·德鲁克. 后资本主义社会［M］. 张星岩，译. 上海：上海译文出版社，1998.

［3］博思数据研究中心. 2020—2026年中国数字版权管理（DRM）市场分析与投资前景研究报告［R/OL］. 2019-12-17. http://www.bosidata.com/report/L31618UK87.html.

［4］蔡立辉. 电子政务：信息时代的政府再造［M］. 广州：中山大学出版社，2005.

［5］曹汉平. 信息系统开发与IT项目管理［M］. 北京：清华大学出版社，2006.

［6］朝乐门. 信息资源管理理论的继承与创新：大数据与数据科学视角［J］. 中国图书馆学报，2019，45（2）.

［7］陈国青，郭迅华. 信息系统管理［M］. 北京：中国人民大学出版社，2005.

［8］陈禹. 系统科学与方法概论［M］. 北京：中国人民大学出版社，2006.

［9］陈振明. 公共管理学：一种不同于传统行政学的研究途径［M］. 2版. 北京：中国人民大学出版社，2003.

［10］杜栋. 新编管理信息系统［M］. 北京：中国人民大学出版社，2008.

［11］方勇，刘嘉勇. 信息系统安全导论［M］. 北京：电子工业出版社，2003.

［12］菲尔·西蒙. 大数据应用：商业案例实践［M］. 漆晨曦，张淑芳，译. 北京：人民邮电出版社，2017.

［13］福雷斯特·伍迪·霍顿. 信息资源管理：概念和案例［M］. 安小米，译. 南京：南京大学出版社，2013.

［14］付尧. 网络信息资源的开发与利用研究［J］. 中国科技信息，2005（16）.

［15］盖伊·彼得斯. 政府未来的治理模式［M］. 吴爱明，夏宏图，译. 北京：中国人民大学出版社，2013.

[16] 郭薇."互联网+"环境下企业信息管理创新模式研究[J].情报科学,2019,37(1).
[17] 郭欣仪,姜玉平.档案工作的发展方向——迈克尔·库克《档案管理》给我们的启示[J].档案,2011(5).
[18] 郝晓玲,肖薇薇.信息系统绩效全过程评价体系研究[J].情报科学,2006(8).
[19] 胡正银,刘蕾蕾,代冰,等.基于领域知识图谱的生命医学学科知识发现探析[J].数据分析与知识发现,2020(11).
[20] 黄凤志.信息革命与当代国际关系[M].长春:吉林大学出版社,2005.
[21] 霍国庆.信息资源管理的起源与发展[J].图书馆,1997(6).
[22] 霍国庆.信息资源管理的三个层次[J].中国图书馆学报,1960(50).
[23] IDC&浪潮.2019年数据及存储发展研究报告[R/OL].2020-6-25.https://wenku.baidu.com/view/d5d2c9f44a73f242336c1eb91a37f111f0850ddd.html.
[24] 贾启禹.数据库原理与设计[M].北京:科学出版社,2004.
[25] 蒋录全,邹志仁.信息生态学——企业信息管理的新范式[J].图书情报知识,2001(3).
[26] 肯尼思·劳顿,简·劳顿.管理信息系统:管理数字化公司[M].11版.张政,闫大刚,等译.北京:清华大学出版社,2014.
[27] 卡尔·夏皮罗,哈尔·瓦里安.信息规则:网络经济的策略指导[M].张帆,译.北京:中国人民大学出版社,2000.
[28] 李朝明.信息管理学教程[M].2版.北京:清华大学出版社,2014.
[29] 李富贵.基于大数据技术的政府绩效信息使用研究[D].厦门:厦门大学,2018.
[30] 李广建,刘晓娟.信息管理基础[M].北京:北京师范大学出版社,2013.
[31] 李广建.小型专业图书馆的数字图书馆建设[J].图书情报工作,2008(1).
[32] 李吉梅,宋铁英.信息系统服务质量评价研究综述[J].情报杂志,2007(4).
[33] 李培挺.转型期管理思维变革:从线性思维到关系思维[J].商业经济与管理,2014(7).
[34] 李全喜,刘伟江.企业信息化与管理[M].北京:机械工业出版社,2005.
[35] 李群.重视模糊思维方法的应用[N].中国社会科学报,2020-09-08.
[36] 李晓光,张伟伟.论新时代决策思维方法的生成根基与整体构成[J].思想教育研究,2020(8).
[37] 凌霄娥,周兵.近年来我国数字图书馆建设状况综述[J].科技情报开发

与经济，2010（12）.
［38］ 刘俊熙. 计算机信息检索［M］. 北京：中国铁道出版社，2005.
［39］ 刘在平. 大数据时代的决策思维［J］. 珠江论丛，2017（1）.
［40］ 罗超理，高云辉. 管理信息系统原理与应用［M］. 3 版. 北京：清华大学出版社，2012.
［41］ 罗式胜. 新编经济信息学［M］. 广州：广东人民出版社，2001.
［42］ 罗泰宏，孟广均. 信息资源管理专集［J］. 国外图书情报工作，1992（3）.
［43］ 马克斯·博伊索特. 知识资产：在信息经济中赢得竞争优势［J］. 理财周刊，2021（3）.
［44］ 马张华. 信息组织［M］. 3 版. 北京：清华大学出版社，2008.
［45］ 梅蕾，邵淑华. 管理信息系统［M］. 北京：中国铁道出版社，2006.
［46］ 纳特·西尔弗. 信号与噪声：大数据时代预测的科学与艺术［M］. 胡晓娇，张新，译. 北京：中信出版社，2013.
［47］ 彭鸿广，陈建华. 现代企业信息资源优化配置模式与组织管理创新［J］. 工业技术经济，2004（4）.
［48］ 邱均平，沙勇忠. 信息资源管理学［M］. 北京：科学出版社，2011.
［49］ 全国人大常委会办公厅. 中华人民共和国保守国家秘密法［M］. 北京：法律出版社，2010.
［50］ 任福兵. 信息管理模式的演化与发展从数据管理到智慧管理［J］. 图书情报工作，2017（2）.
［51］ 上海社会科学院信息研究所. 国外社会科学前沿 2010（第 14 辑）［M］. 上海：上海人民出版社，2011.
［52］ 斯蒂芬·哈格，梅芙·卡明. MBA 教材精品译丛：信息时代的管理信息系统［M］. 8 版. 严建援，译. 北京：机械工业出版社，2011.
［53］ 宋继伟. 总体国家安全观下的“敏感信息”管理机制刍议——美国经验借鉴［J］. 情报杂志，2018（8）.
［54］ 宋克振. 管理信息系统及其开发［M］. 北京：清华大学出版社，2008.
［55］ 宋学清，刘雨. 大数据：信息技术与信息管理的一次变革［J］. 情报科学，2014（9）.
［56］ 苏新宁. 电子政务与民主决策［M］. 南京：南京大学出版社，2007.
［57］ 孙宝文. 电子商务系统建设与管理［M］. 北京：高等教育出版社，2002.
［58］ 孙宝云. 尽快将“敏感信息”从国家秘密中分离出来［J］. 兰台世界，2015（23）.

[59] 谭晓，李辉，许海云. 基于多维数据知识内容和关联深层融合的知识发现研究综述［J］. 科技情报研究，2021（4）.
[60] 汤津红，钟守真，杨子竞. 信息资源管理与图书馆学情报学教育［J］. 图书馆工作与研究，1994（4）.
[61] 王鲁滨. 现代信息管理［M］. 北京：经济管理出版社，2005.
[62] 王强，曹汉平，贾素玲. 现代 IT 服务管理：基于 ITIL 的最佳实践［M］. 北京：清华大学出版社，2005.
[63] 王晓敏，邝孔武. 信息系统开发与管理［M］. 北京：清华大学出版社，2008.
[64] 王英玮. 信息管理导论［M］. 北京：中国人民大学出版社，2010.
[65] 维克托·迈尔·舍恩伯格，肯尼思·库克耶. 大数据时代——生活、工作与思维的大变革［M］. 盛杨燕，周涛，译. 杭州：浙江人民出版社，2013.
[66] 维克托·迈尔·舍恩伯格. 删除：大数据取舍之道［M］. 袁杰，译. 杭州：浙江人民出版社，2013.
[67] 乌家培. 信息资源与信息经济学［J］. 情报理论与实践，1996（4）.
[68] 伍忠贤，王建彬. 知识管理策略与实物［M］. 北京：中国纺织出版社，2003.
[69] 武刚. 信息化管理与运作［M］. 北京：中央广播电视大学出版社，2007.
[70] 夏蓓丽. 基于内容的信息资源管理中外研究比较［J］. 情报资料工作，2010（5）.
[71] 肖明. 信息资源管理［M］. 北京：电子工业出版社，2007.
[72] 肖勇. 企业信息管理模式的发展与演化——从数据管理到知识管理［J］. 情报理论与实践，2001（1）.
[73] 新华社. 中共中央关于坚持和完善中国特色社会主义制度 推进国家治理体系和治理能力现代化若干重大问题的决定［R/OL］. 2019-11-05. http://www.gov.cn/zhengce/2019-11/05/content_5449023.htm?trs=1.
[74] 徐鹏，徐向艺. 人工智能时代企业管理变革的逻辑与分析框架［J］. 管理世界，2020（1）.
[75] 徐云彪. 数据库原理与技术［M］. 杭州：浙江大学出版社，2005.
[76] 杨波，陈禹，张媛. 信息管理与信息系统概论［M］. 北京：中国人民大学出版社，2005.
[77] 杨敏. 信息资源管理［M］. 郑州：郑州大学出版社，2013.
[78] 叶茂林，孙志恒. 企业信息化管理及应用［M］. 北京：社会科学文献出版社，2006.

[79] 尤尔根·梅菲特，沙莎. 从1到N企业数字化生存指南［M］. 上海：上海交通大学出版社，2018.

[80] 于学成，曲杰. 企业信息管理与知识管理［J］. 技术经济，2001（8）.

[81] 约瑟夫·斯蒂格利茨，阿马蒂亚·森，让·保罗·菲图西. 对我们生活的误测：为什么GDP增长不等于社会进步［M］. 阮江平，王海昉，译. 北京：新华出版社，2011.

[82] 曾梅. 知识管理：企业信息资源管理的新发展［J］. 冶金信息导刊，2002（3）.

[83] 查先进. 信息政策与法规［M］. 北京：科学出版社，2004.

[84] 占南. 国外个人信息管理研究动态及趋势分析［J］. 图书馆学研究，2020（20）.

[85] 张创新. 行政管理学前沿问题专题研究［M］. 长春：吉林人民出版社，2004.

[86] 张海英. 浅析网络环境下信息资源的开发与利用［J］. 科技情报，开发与经济，2006（10）.

[87] 张金城，李庭燎. 信息系统绩效评价与审计［M］. 南京：东南大学出版社，2014.

[88] 章宁. 信息系统开发与项目管理［M］. 北京：高等教育出版社，2010.

[89] 赵汀阳. 以天下重新定义政治概念：问题、条件和方法［J］. 世界经济与政治，2015（6）.

[90] 中国信通院. 数据资产管理实践白皮书（4.0）［R/OL］. 2019-8-04.https://blog.csdn.net/kuangfeng88588/article/details/98473415.

[91] 周晓英，宛玲. 信息资源管理［M］. 北京：首都经贸大学出版社，2012.

[92] 竺乾威，邱柏生，顾丽梅. 组织行为学［M］. 上海：复旦大学出版社，2002.

[93] Case D，Given L. Looking for Information：A Survey of Research on Information Seeking，Needs, and Behavior［M］. 4th Edition. Bradford: Emerald，2016.

[94] Cha G，Han H，Shin Y. An Effective Personal Information Management System to Ensure Self-imposed Control on Personal Information Protection Act［J］. Kiise，2012（2）.

[95] Dooyong Ahn，Heesung Cha. Integration of Building Maintenance Data in Application of Building Information Modeling（BIM）［J］. Journal of

Building Construction and Planning Res, 2014 (2).

[96] Follett M P, Witzel M. Creative Experience [M]. London: Routledge/ Thoemmes Press, 2001.

[97] Hong S. Effective Management of Information Security Management System (ISMS) and Personal Information Management System (PIMS) Authentication Systems [D]. Seoul: Soongsil University, 2018.

[98] Maureen H Swanson, Kathleen M Vogel. Big Data, Intelligence, and Analyst Privacy: Investigating Information Dissemination at An NSA-funded Research Lab [J]. Intelligence and National Security, 2017 (3).

[99] P W H Chung, L Cheung, J Stader, et al. Knowledge-based Process Management—an Approach to Handling Adaptive Workflow [J]. Knowledge-Based Systems, 2003 (3).

[100] Park W. The Merits and Demerits of Data Localization [J]. Kyung Hee Law Journal, 2017.

[101] S Li, F Liu, J Shu, et al. A Flattened Metadata Service for Distributed File Systems [J]. IEEE Transactions on Parallel & Distributed Systems, 2018 (12).

[102] Tankard, Colin. What the GDPR Means for Businesses [J]. Network Security, 2016 (6).

[103] Vladimir Popov, Virgaudas Juocevicius, Darius Migilinskas, et al. The Use of A Virtual Building Design and Construction Model for Developingan Effective Project Concept in 5D Environment [J]. Automation in Construction, 2009 (3).

[104] Wytze J Vlietstra, Ronald Zielman, Robin M Van Dongen, et al. Automated Extraction of Potential Migraine Biomarkers Using a Semantic Graph [J]. Journal of Biomedical Informatics, 2017 (71).

企业管理思想史系列

1.《管理思想史》
2.《组织管理思想史》
3.《知识管理思想史》
4.《人力资源管理思想史》
5.《营销管理思想史》
6.《战略管理思想史》
7.《财务管理思想史》
8.《创业管理思想史》
9.《商业模式思想史》
10.《供应链管理思想史》
11.《信息管理思想史》
12.《公司治理思想史》
13.《科技管理思想史》
14.《商业伦理思想史》
15.《企业管理思想史精读》
16.《协同管理思想史》
17.《质量管理思想史》
18.《电子商务思想史》
19.《组织行为学思想史》
20.《公共管理思想史》
21.《价值链管理思想史》
22.《企业管理前沿理论》
23.《运营管理思想史》
24.《生产管理思想史》
25.《旅游管理思想史》
26.《跨国公司经营管理思想史》
27.《项目管理思想史》
28.《投资管理思想史》
29.《创新管理思想史》
30.《公司金融思想史》
31.《物流管理思想史》
32.《风险管理思想史》
33.《成本管理思想史》
34.《内部控制思想史》
35.《企业文化思想史》
36.《管理决策思想史》
37.《系统管理思想史》
38.《国际贸易思想史》
39.《品牌管理思想史》
40.《数字管理思想史》
41.《服务管理思想史》
42.《人力资本管理思想史》

企业管理思想史系列

《财务管理思想史》

作者：陈 鹰 周 静

定价：98.00元

《创业管理思想史》

作者：刘 磊 许 菱

定价：98.00元

《商业模式思想史》

作者：余来文

定价：98.00元

《供应链管理思想史》

作者：舒 辉

定价：98.00元

《信息管理思想史》

作者：李 晶 郭同济

定价：98.00元

《公司治理思想史》

作者：刘元秀

定价：98.00元